먹히는 자에 대한 예의

먹히는 자
에 대한 예의

김태권 지음

한겨레출판

먹히는 자에 대한 예의

먹히는 자에 대한 예의: 서문을 대신하여

이 모든 고민이 20여 년 전에 시작되었어요. 통닭을 먹으러 갔는데 친구가 먹지 않았죠. 저는 궁금했어요. "왜 먹지 않니." "나는 통닭 못 먹어요. 살아 있을 때 어떻게 생겼는지 그대로 알아볼 정도의 고기는 차마 못 먹겠어. 대신 잘라놓으면 잘 먹고." 예를 들면, 통닭이나 백숙이나 생선구이나 회는 안 되고, 탕수육이나 소시지는 된다는 거죠.

"어라, 이상하다." 제 생각은 정반대였어요, 그때나 지금이나. 제가 누군가를 죽이고 그 살을 먹는다는 사실을 먹는 내내 자각해야 한다는 쪽이었거든요. 이것이 저의 '육식의 모럴', 목숨을 잃은 동물에 대한 예의라는 생각이지요.

하지만 그 친구 반응도 일리가 있어요. 그것이 죽은 동물에 예의를 갖추는 그 친구 나름의 방법이었던 거죠. "이걸 왜 안 먹지, 신기하네"라며 허허 웃던 그때 제 반응이 행여 육식을 강

권하는 모습으로 비쳤을까요. 지금 생각하니 미안하네요.

난 육식을 좋아해요. 하지만 육식은 남의 생명을 빼앗는 일이라는 사실도 알아요. 이 문제의 근본적인 해결은 어쩌면 고기를 끊는 것이겠지요.

고기를 완전히 끊은 친구가 있어요(아까 친구와는 다른 사람). "아니, 어쩌다? 당신도 나처럼 먹는 것 좋아했잖아요." "뉴스를 보다가 전쟁으로 죽어가는 사람과 동물들 때문에 괴로웠어요." 당시는 이라크전쟁 중이었거든요. 전쟁 뉴스 때문에 고기를 끊다니, 논리적 비약처럼 보이나요? 하지만 나는 친구의 말을 들으며 그 마음을 이해했어요.

육식을 끊자는 주장에는 여러 근거가 있어요. 건강 문제 때문에 육식을 줄이자는 의견도 있고요. 육식이 지구온난화의 주범이라는 지적은 눈길을 끌어요. 사람들이 너무 많은 소를 키우는 바람에 숲이 파괴되고 온실가스가 늘어난다는 것. "집에서 에어컨 끄고 더위를 참는 것보다 사람들이 소고기를 줄이는 쪽이 환경을 위해 나은 선택"이라는 말이 나올 정도죠.

하지만 나는 고기를 아직 먹어요. 물론 맛도 한 가지 이유고요(아니라고 해봤자 아무도 안 믿겠지요), 제일 중요한 까닭은 음식 문화에 대한 경외심 때문입니다. 다양한 고기 요리에서 여러 세대에 걸친 연구와 노력을 읽을 수 있지요. 또 육식 문화의 흔적이 문학이며 종교며 역사에 배어 있어요. 고기를 먹으며 즐거워하는 것도 목숨을 빼앗으며 미안해하는 것도, 그 점을 굳이 숨기려 하는 것도 드러내려 하는 것도, 인류 문명의 역사에 거듭거듭 등장하는 장면이었습니다.

고기의 맛은 즐기지만 고기 먹는 일은 미안해하는, 이런 시선으로 이 책을 씁니다. 살코기를 떼어준 존재들을 잊지 않는 것, 먹히는 생명에 대한 예의. 옛날 옛적 사냥꾼들이 동물을 잡아먹으면서도 그 동물이 되살아나길 바라며 제사 지내던 마음을, 제 딴에는 헤아리는 과정이었어요. "어차피 죽일 거, 미안해한다고 무슨 소용이냐"며 저를 알량하다고 하셔도 반박할 염치는 없습니다만.

글을 쓰며 떠오른 고민 하나 더. 오늘날 '공장식 축산'이 잔인한 일이라는 지적에는 공감합니다. 그런데 대안으로 거론되는 방식 중 일부가 '고깃값을 올리는 일'이라는 점은 마음에 걸려요. 부자들만 고기를 먹게 된다면 육고기 소비가 줄긴 하겠죠. 하지만 가난한 사람들도 여기 찬성할까요? 육식은 인간과 인간 사이의 문제이기도 하더군요.

이 책의 구성은 다음과 같습니다. 1장은 먹는 자와 먹히는 자 사이의 거리가 생각만큼 멀지 않다는 점을 다뤄요. 인간은 먹는 자, 동물은 먹히는 자, 이렇게 딱 나뉘는 것이 아니더라는 이야기죠. 그런데 우리 인간은 옛날부터 이 점을 의식하고 있던 것 같아요. 동서양의 옛이야기와 고전 작품에 이 고민이 배어 있다는 사실을 확인하려 합니다.

그렇다고 육식을 딱 끊자는 것이 이 책의 주제는 아니라는 점, 말씀드렸죠. 육식은 현재 인류 문명의 중요한 한 부분이니까요. 2장은 종교와 문화에 깊이 스며 있는 육식 문제를 다뤄요. 유명한 이슬람의 돼지고기 금기 말고도, 다른 종교 역시 까다로운 규칙들을 유지하더군요. 3장에서는 모더니티(modernity)와 육식의 관계를 짚습니다. 19세기와 20세기의 동아시아는 근대화를 이루겠다며 서양의 이런저런 문물을 서둘러 받아들였는데요, 육식 문화는 그 중요한 한 부분이었어요. 육식은 또한 인간과 인간 사이 계급의 문제라는 점을 4장에서 다룹니다. 한때는 지체 높은 사람만 고기를 먹었죠. 그런데 가난한 사람도 고기를 먹을 수 있게 된 오늘날, 구별 짓기는 다른 방식으로 일어나네요.

지금 살펴본 육식의 여러 문제를 두루 지닌 고기가 바로 닭고기예요. 오늘날 닭은 사람들이 흔히 접하는 먹을거리죠. 그러나 그 그늘에는 공장식 축산의 부정적인 얼굴이 감추어져 있습니다. 그렇다고 공장식 축산을 금지하면 닭도 인간도 당장 행복해질까요? 꼭 그렇지도 않을 것 같다는 생각에 마음이 무겁습니다. 이 문제를 5장에서 짚고 가려고 해요.

6장은 육식에 대해 우리가 평소 궁금해하던 질문들을 모아봤어요. 그리고 마지막 7장에서는 육식을 줄이기 위한 오늘날 인간의 노력에 대해 알아봤어요. 지금 대안으로 이야기되는 것들이 말 많고 탈 많은 공장식 축산의 대안이 될 수 있을까요? 그럴 듯도 하고 아닐 듯도 합니다. 일단 살펴보는 것부터 해보겠습니다.

이 책에 실린 그림을 보며 "왜 이렇게 그로테스크하냐" 물어보시는 경우도 많았어요. 먹는 자와 먹히는 자의 거리가 가깝더라는 것이 책의 주제고, 글을 쓰다 보니 먹는 자와 먹히는 자의 관계가 역전된 이야기를 옛날의 신화와 고전부터 현대의 뉴스까지 자주 접하게 되었습니다. 그 영향 때문일 거예요, 그림이 기괴해보이는 까닭은. 우리는 보통 사람이 먹는 쪽, 동물이 먹히는 쪽이라고 생각하는데, 이 책에서는 먹는 쪽에 동물을 그려넣은 경우가 많아요. 그렇다면 그들이 먹고 있는 것은 누구의 살일까요. 같은 동물? 아니면 혹시?

그림이 색달라 보이는 것은 고대 그리스의 도기 그림을 참고했기 때문일지도 몰라요. 옛날 그리스 사람들은 검은 흙을 바탕으로 밝은 그림을 그리거나, 밝은 색의 흙을 배경으로 검은 형상을 그렸어요. 그리스 신화 이야기가 자주 나오다 보니 그림도 옛날 그리스 사람들처럼 그려보았는데 묘하게 음산한 느낌이 글과 어울리는 것 같습니다.

이번 책은 공이 많이 들었어요. 〈한겨레〉에 연재하던 '김태권의 고기고기여행' 칼럼에서 저는 "오늘날 육식에는 이런 문제가 있다"고 육식에 부정적인 내용을 소개하면서 동시에 "그런데 인류 문명의 한 부분인 육식 문화 가운데 이런 요리가 있다"며 고기 요리도 소개했지요. 그러다 보니 어떤 글은 '육식 예찬'처럼, 어떤 글은 '육식 반대'처럼 보이더군요. 제 입장은 저 두 극단 사이의 어딘가지만, 책을 내기 전에 전체 글을 가지런히 다듬어야 했습니다. 한겨레출판의 김단희 편집자님과 오혜영 편집자님이 도와주신 덕분에 겨우 마쳤죠. 〈한겨레〉의 박미향 기자님은 칼럼을 연재하는 동안 제가 잘못 알던 부분을 바로잡아주셨어요. 한때 '맛 경찰'로 유명하던 고나무 기자님께도 신세를 졌죠.

감사의 말을 마치기 전에, "건강 생각해서 고기를 줄이라"고 따끔한 말을 하다가도 "이번 글 때문에 이 요리를 먹어봐야 하니 한 번만 넘어가 달라"는 저의 어처구니없는 군색한 변명에 일부러 속아준 아내에게, 아빠 외롭지 말라고 그 고기를 한 입씩은 같이 먹어준 아이에게 고마운 마음을 전합니다.

목차

2장 • 육식의 역사와 문화

3장 • 모더니티와 고기고기

5장 • 고소한 치킨의 씁쓸한 뒷이야기

6장 • 고기고기에 대해 알고 싶은 것들

7장 • 우리는 육식의 시대를 넘어설 수 있을까

"그래서, 고기를 먹자는 거냐, 말자는 거냐?" 그러게요, 저도 책을 쓰는 내내 고민했는데, 잘 모르겠네요. 결정의 순간은 일단 미루고 육식 문화에 대해 이렇게도 저렇게도 고민해보기로 해요. 물론 이 고민은 제가 처음 시작한 것이 아니에요. 인간이 남의 살코기와 목숨을 빼앗아온 오랜 세월 동안 이어진 고민입니다. 그러니 쉽게 답이 나온다는 것도 이상하죠.

먹는 자와 먹히는 자의 사이가 그리 멀지 않다는 사실을 옛날 옛적의 사냥꾼들은 언제나 마음에 품고 있었어요. 오늘은 내가 동물을 먹지만 내일은 내가 동물의 먹이가 될지도 모를 일. 오늘 내가 가족에게 먹이는 이 동물도 어제는 자기 가족과 시간을 보냈을 터. 우리가 애써 잊으려는 이 사실을 버르집으면서 이 책을 시작합니다.

1장

먹느냐
먹히느냐

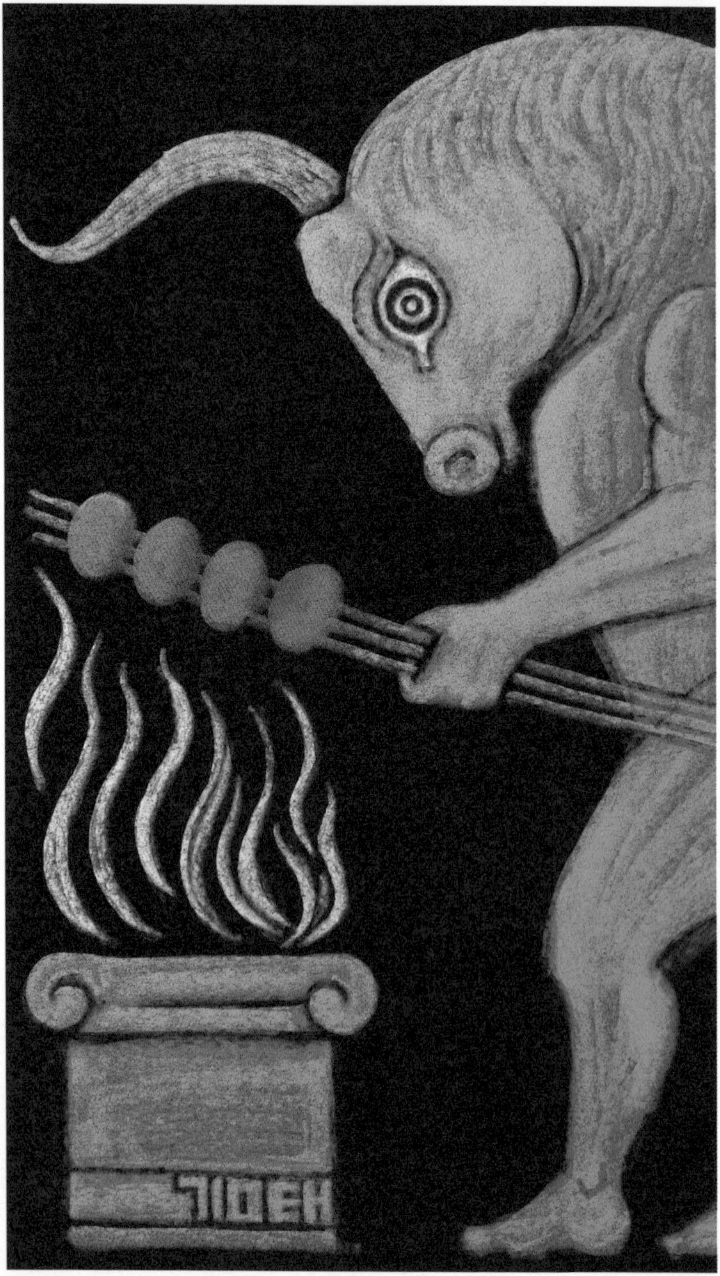

먹히는 자에 대한 예의

소를 먹고 소가 된 오디세우스의 동료들

꼬치구이는 고기를 맛있게 먹는 가장 오랜 방법 가운데 하나였어요. 동양은 한나라 시대의 그림에 남아 있고요, 서양은 호메로스의 서사시에 나와 있지요. 호메로스가 《일리아스》에 소개한 레시피는 다음과 같습니다. 소 또는 염소를 법도에 맞게 도축하고, 살이 붙은 넓적다리뼈를 지방덩어리에 싸서 불에 올립니다. 지글지글, 기름 타는 냄새에 군침이 흐르지요. 하지만 참아야 해요. 여기까지는 신에게 바치는 몫이거든요. 이렇게 '고수레'를 마친 후, 고기를 잘게 썰고 꼬챙이에 꿰어 노릇노릇하게 구워 먹습니다. 물에 희석한 포도주를 곁들이면 금상첨화지요!

이것을 헤카톰베 제사라고 합니다(헤카톰베는 '백 마리 황소'라는 그리스 말인데요, 열두 마리만 잡아도 백 마리 잡은 셈 쳐줬다고 하네요). 《일리아스》 첫머리에 보면 트로이 전쟁을 하러 모인 그리스 군대가 돌림병에 걸리는데요, 이 제사를 바치고는 병이 나았다는군요. 신의 노여움을 제사로 풀었다는 것이 호메로스의 설명이죠. 그러나 제사보다 젯밥에 관심이 많은 저는 다르게 생각합니다. 굶다가 탈이 난 병사들이 고기를 먹고 병이 나은 것은 아닐까요? 허벅지 살을 베어 구워 먹이자 병든 부모가 벌떡 일어났다는 옛날 효자 이야기처럼요.

몸이 허하다는 핑계로 맛있는 고기를 먹는 일은 옛날 사람도 마찬가지였겠죠. 한편 남의 살을 먹을 때 우리가 느끼는 불편함을 옛날 사람도 느꼈을 거예요. 호메로스의 《오디세이아》에는 이런 섬뜩한 구절이 나옵니다. 트로이 전쟁을 마친 후 고향에 돌아가던 그리스 사람들이 예언을 받아요. 헬리오스 신이 애완용으로 기르는 소를 잡아먹으면 목숨을 잃게 되리라고요. 그런데 먹을 것이 떨어지자 이 양반들이 '죽을 때 죽더라도 일단 고기를 먹어야겠다'는 마음으로 그 소 떼를 잡아먹었어요. 그때 무시무시한 광경이 펼쳐집니다. "소가죽이 땅 위를 기어 다니는가 하면 꼬챙이에 꿴 고깃점들이 구운 것도 날 것도 음매 하고 울었다"나요. 공포영화의 한 장면 같네요.

그런데 비슷한 환상을 마하트마 간디도 겪은 적이 있어요. 종교적 이유로 육식을 하지 않던, 신앙심 깊던 간디 소년. 그러나 친구의 '설득' 때문에 염소고기를 맛보게 됩니다. 영국의 식민지배에 맞서 싸우려면 인도사람들도 영국사람처럼 고기를 먹어야 한다는 친구의 말이 그럴싸했거든요(지금 우리가 보기에는 이상하지만, 당시 아시아에서 널리 통한 논리였답니다. 이 책 3장에서 살펴봅시다). 영국을 이기기 위해 눈 딱 감고 고기를 먹은 간디! 그러나 밤새도록 "염소가 살아서 배 속에서 매매 우는 것 같아"라며 가위에 눌렸고 잠을 설쳤다는군요. 간디는 이후로도 육식을 몇 차례 시도했지만 결국은 인도 전통의 채식 생활로 돌아오게 됩니다.

간디가 육식을 꺼린 까닭은 환생을 믿었기 때문일지도 몰라요. 먹는 쪽과 먹히는 쪽이 언젠가 뒤바뀔 수도 있으니까요. 그러고 보니 《오디세이아》의 주인공 오디세우스는 먹는 쪽과 먹히는 쪽을 쉴 새 없이 오락가락하네요. 가는 곳마다 남의 가축을 잡아먹지만 동료 대부분이 괴물과 거인에게 잡아먹히거든요. 그렇다면 오디세우스는 기나긴 여정의 끝에 깨달음을 얻고 간디처럼 육식을 끊었을까요? 천만의 말씀! 이후로도 틈만 나면 신나게 먹고 마셨답니다. 육식의 불편함을 깨달았다고 해서 육식을 끊게 되는 건 아니더라는 점을 오디세우스가 보여줍니다.

먹히는 자에 대한 예의

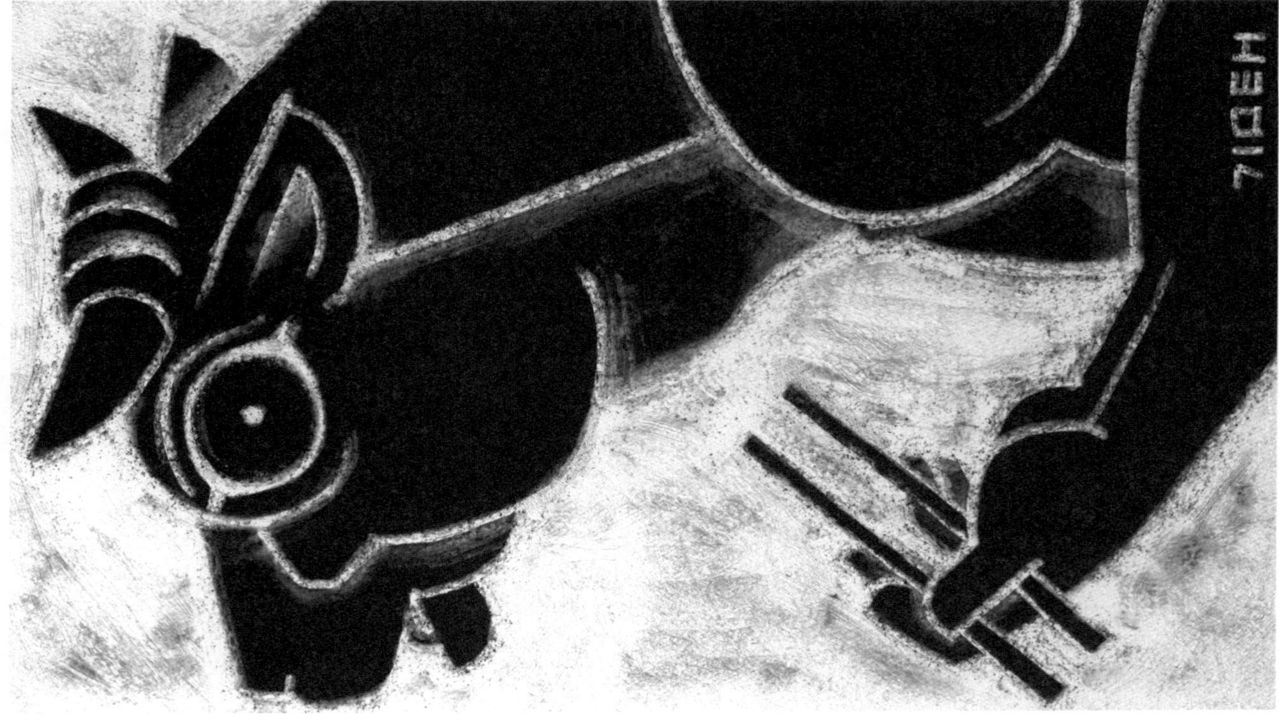

소인 줄 알고 가족을 잡아먹은 이야기

파와 소고기를 함께 먹는 중국 요리 경장육슬. '경장유슬'이나 '경장육사'라고도 부르더군요. 가늘게 채 썬 고기(육사·肉絲)를 춘장(경장·京醬)에 볶았다는 뜻이죠. 이름이 일정하지 않다는 것은 소개된 지 오래지 않은 낯선 요리라는 의미겠죠?

옛날에 우리 가족이 우연히 중국요릿집에서 먹어보았어요. 어머니가 눈치껏 레시피를 재현해 가끔 집에서 해주셨습니다. 소고기를 춘장에 볶아 채 썬 대파를 얹어 먹었죠. 음식점마다 먹는 방법이 다양해요. 꽃빵에도 싸 먹고 춘빙에도 싸 먹고. 요즘에는 얇게 편 건두부에 싸 먹는 가게도 많아요. 소 대신 돼지고기를 볶는 집도 많고요. 각종 채소를 곁들입니다. 채 썬 오이, 채 썬 당근, 때때로 고수를 얹어 먹지요.

그래도 핵심은 두 가지입니다. 채 썬 파와 춘장에 볶은 채 썬 고기. 춘장에 굴소스와 설탕을 약간 섞어 소스를 만드는 동안,

가늘게 썬 대파를 찬물에 넣어 매운맛과 냄새를 적당히 빼주는 것이 기술이에요. 고기 먹는 방법을 개발하느라 인간은 오랜 시간 동안 엄청난 공을 들였지요.

파와 고기는 둘도 없는 단짝. 삼겹살이나 돼지갈비를 맛있게 먹으려면 곁들여 먹는 파채가 맛있어야죠. 한동안 인기를 누린 '파닭'(튀긴 닭에 채 썬 파를 얹어 먹는 음식)도 같은 원리죠. 소고기도 그래요. 파 없는 육개장이나 파 없는 불고기를 상상할 수 있나요?

그러고 보니 어릴 때 아버지 책장에서 뽑아 읽은 책에 나오는 이야기가 생각나네요. 파를 처음 심은 사람에 대한 전래동화였어요. 옛날 옛적, 사람들이 파를 먹지 않던 시대의 일입니다. 그때는 사람이 사람을 잡아먹었다고 해요. 다른 사람이 소로 보였기 때문이라나요. 하루는 어떤 사람이 소를 잡아 맛있게 먹었는데 정신을 차리고 보니 자기 형제였대요. 울면서 나그넷길에 올랐습니다. 한참을 떠돌아다닌 끝에, 사람이 사람을 잡아먹지 않는 머나먼 나라에 도착했어요. 놀라는 나그네에게 여기 사람들은 더 놀라운 이야기를 들려줬어요.

"우리도 한때는 사람이 사람을 잡아먹었지요. 그러나 여기 '파'라는 식물을 먹으면서부터 사람과 소를 구별하게 되었습니다." 득템! 나그네는 종자를 얻어 고향에 돌아왔어요. 나그네는 밭에 씨앗을 뿌리며 기뻐했지만, 파가 자라기 전에 그만 옛날 친구들에게 잡아먹혔지요("친구들아, 이것만 있으면 우리는 서로 잡아먹지 않게 될 거야." "웬 소가 이렇게 울지? 먹어치우자!"). 그래도 파는 잘 자랐고, 사람들이 파를 뜯어 먹은 다음부터는 서로 잡아먹지 않았다고 해요.

아는 사람은 많지 않지만 한번 들은 사람은 잊지 못하는, 무섭고 불편한 민담입니다. 왜 불편할까요? 먹는 쪽과 먹히는 쪽의 구별이 사라졌기 때문이겠죠.

육식을 할 때 우리는 우리가 언제나 먹는 편에 서 있다고 굳게 믿습니다. 우리에게는 잡아먹을 권리가 있다고까지 생각하죠. 하지만 먹히는 동물과 우리 인간의 차이는 뭘까요? 짐승도 고통을 느끼고 감정이 있습니다. 요즘 나오는 책들을 보면 물고기는 물론이고 새우나 오징어, 문어는 특별히 더 고통을 느낀다고 하지요.

도살되기 직전까지 소는 먹이를 주는 우리 인간을 형제나 친구라고 느낄지도 모를 일이에요. 요즘 들어 '동물권'에 대한 글이 자주 눈에 들어옵니다. 그래도 저는 당장 육식을 끊을 자신이 없어요. 하지만 '남의 살'을 먹을 때 생기는 불편함을 외면할 정도로 뻔뻔하지도 못해요. 이 책에서는 인류의 문화가 깃든 다양한 고기 요리를 독자님께 소개하며, 동시에 고기를 먹는 불편함에 대해서도 이야기하고 싶어요. 이 '불편한 미식기행'의 끝은 어떻게 될까요?

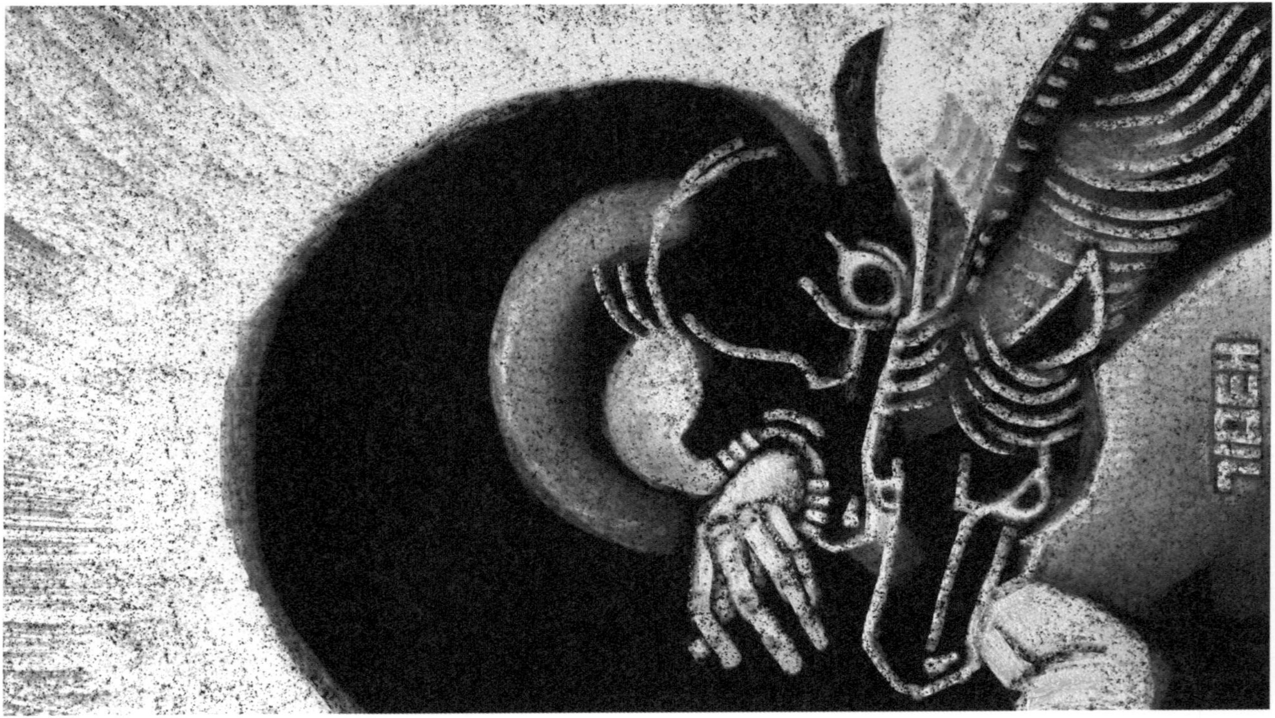

먹히는 자에 대한 예의

말고기를 먹는 사람과 말에게 먹히는 사람

말고기를 먹는 방법은 다양합니다. 회로 먹고 구워 먹고 수육으로 먹고 말곰탕을 끓여 먹습니다. 살과 기름이 딱 나뉘어 있다는 것이 특징이죠. 빨간 살코기는 부드럽고 하얀 기름은 역한 맛이 없어 날로 먹기도 합니다. 말고깃집에 가면 "차돌박이의 맛을 보라"며 큰 동전처럼 납작하고 동그랗게 지방만 썰어 익히지 않은 채로 내어주기도 해요.

그런데 말고기를 먹으러 가기가 쉽지 않습니다. 제주 바깥에는 파는 곳이 많지 않거든요. 같이 먹을 분을 만나기도 어렵고요. 소도 돼지도 먹지만 말이라면 어쩐지 께름직하다는 분이 많더군요. 어째서일까요? 어떤 종교는 소고기를, 어떤 종교는 돼지고기를 먹지 말라고 하지만, 말고기는 금하는 종교도 없는데 말이에요.

신화와 문학과 미술 작품을 보면, 말은 어쩐지 함부로 대하기 어려운 동물로 등장합니다. 그리스 신화에 나오는 트라키아의 왕 디오메데스는 잔인한 악당이었습니다. 그는 사람고기를 먹여 말을 기르다 결국 합당한 벌을 받지요. 영웅 헤라클레스가 그를 잡아 말한테 먹였으니까요. 귀스타브 모로 같은 후세의 화가들이 이 장면을 즐겨 그렸습니다.

조너선 스위프트의 《걸리버 여행기》는 소인 나라와 거인 나라 편이 유명합니다. 하지만 그 뒤에 나오는 이야기도 재미있습니다. 동물이 인간을 짐승처럼 부리는 나라. 그곳의 주인인 '휴이넘'은 인간보다 우월한 동물입니다. 걸리버는 '휴이넘' 종족의 미덕에 감탄한 나머지 인간 종족을 경멸하게 됩니다. 자기도 사람이면서 말이죠. 이토록 완벽한 '휴이넘'의 정체는 무엇일까요? 바로 말을 하는 말입니다.

연극 〈에쿠우스〉를 인상 깊게 보았습니다. '에쿠우스(Equus)'는 라틴어로 '말'이라는 뜻이에요. 주인공 앨런은 정신이 불안정한 소년으로, 마구간에서 벌거벗은 채 꿇어앉아 말들에게 기도를 드립니다. 자기 죄를 용서해달라고요. 그러나 말들은 앨런을 물끄러미 쳐다볼 뿐입니다. 마치 신이 인간의 죄를 빤히 지켜보듯이. 견디다 못한 앨런은 쇠꼬챙이를 집어 말들의 눈을 찌르지요. 신이 말의 모습을 하고 나타나 인간을 괴롭힌다고 믿었으니까요(작가 피터 섀퍼는 신한테 괴롭힘당하는 인간이 '신'에게 해코지하는 내용을 즐겨 썼습니다. 대표작은 《아마데우스》와 《태양제국의 멸망》이죠).

인간을 먹고, 인간을 부리고, 인간을 정죄하고. 말은 어째서 여느 짐승과 다른 느낌일까요? 레오나르도 다빈치의 태도에 실마리가 있을지도 모릅니다. 다빈치는 말에 관한 작품을 많이 남겼어요. 말이 특별히 아름다운 동물이라 여겨서 그랬다는군요.

제가 봐도 말은 먹기 미안할 정도로 아름다운 동물입니다. 그런데 잠깐만요, 인간의 눈에 아름답지 않은 동물은 불편한 마음 없이 먹어도 괜찮을까요? 괜한 딴죽 같지만 저만의 생각은 아니에요. 영국에는 '못생긴 동물보호협회(Ugly Animal Preservation Society)'라는 단체가 있습니다. 2003년에 "세상에서 가장 못생긴 동물"로 멸종위기종인 블로브피시를 선정해 널리 알렸지요. 블로브피시는 정말 못생겼거든요. 단체의 취지가 눈길을 끕니다. 생물학자이자 코미디언인 사이먼 와트는 똑같이 멸종위기에 놓인 동물이어도 "귀여운 판다의 고통은 널리 알려졌지만 못생긴 종은 관심을 얻지 못하기 때문에" 이 운동을 시작했대요.

이상하지 않나요? 동물을 위하는 마음 때문에 우리는 판다를 걱정하고 육식을 불편해하지만, 그때조차 우리는 인간의 기준과 인간 위주의 생각에서 벗어나지 못하나 봐요.

먹히는 자에 대한 예의

천둥의 신 토르와 조선시대의 엽기 떡국

떡국은 설에 많이 먹지만 다른 날에도 사랑받는 메뉴입니다. 가래떡 대신 조랭이떡을 넣기도 하고(일본은 찰떡을 넣는다고 해요), 멸칫국물 대신 고깃국물로 끓이기도 하죠. 여기서는 사골국물 이야기를 해봅시다.

뼈를 우려낸 국물 가운데 저는 제주에서 맛본 '접짝뼛국'이 제일 기억에 남습니다. '접짝뼈'라는 돼지의 뼈(이 뼈가 어느 부위인지는 사람마다 말이 달라요)를 푹 끓인 다음 입이 쩍쩍 들러붙을 만큼 걸쭉하게 메밀가루를 풀어 먹지요. 접짝뼛국 한 그릇이면 제주의 겨울바람도 튕겨낼 것처럼 든든합니다.

그런데 뼈를 먹는 일을 불편해하는 문화도 있어요. 다음은 만화와 영화로 유명한 신 '토르'가 등장하는 북유럽 신화의 이야기입니다. 거대한 망치를 휘두르는 토르는 두 마리 염소가 끄는 수레를 타고 여행합니다. 토르는 천하무적의 신인데 어째서 맹수가 아니라 염소와 함께 다닐까요? 배고플 때 잡아먹을 수 있거든요. 깨끗이 발라먹은 다음 가죽 위에 뼈를 모으고 망치를 휘두르면 염소들이 살아난대요(어차피 다음에 다시 먹히겠지만요).

한번은 토르가 가난한 농부의 집에 묵었어요. 얻어먹기는커녕 먹을 것을 나눠줘야 할 상황이었죠. 토르는 염소를 잡아 농부 가족과 함께 먹었습니다. "뼈에는 손대지 말라"고 단단히 당부를 하고요. 그런데 농부의 아들 티알피가 염소의 다리뼈를 분질러 골수를 빨아먹었어요. 살아난 염소가 다리를 절자, 토르는 화를 내며 티알피를 몸종으로 데려갔대요.

신화의 세계에서 뼈는 부활과 관계가 있나 봅니다. 다음은 신화학자 조지프 캠벨이 들려주는 아메리카 원주민의 이야기예요. 인간들이 굶어 죽을 위기에 처하자 들소들이 절벽에서 뛰어내려 자기네 살을 내줬대요. 그 대신 우두머리 들소가 인간 소녀를 아내로 데려갔지요. 소녀의 아버지가 몰래 딸을 만나러 갔다가 소 떼에게 들켜 흔적도 없이 짓밟혀 죽습니다. 우두머리 들소는 매정하게 쏘아붙였어요. "너희도 우리 가족을 이렇게 죽였지."

서럽게 울던 소녀는 우물가에서 아버지의 등뼈 한 조각을 발견했어요. 소녀는 뼈 위에 담요를 덮고 마법의 노래를 불렀습니다. 그러자 아버지가 되살아났대요. 들소들은 깜짝 놀랐어요. "우리를 죽였을 때도 이렇게 해주지 않겠는가?" 이후로 동물들은 '자기들의 피가 대지로 돌아가면 다시 태어날 수 있다고 생각하여 기꺼이 죽임을 당했다'고 신화는 전합니다.

이런 믿음을 가진 사람들에게는 우리처럼 뼛속까지 빨아

먹겠다며 뼈를 푹푹 삶아대는 일이 지나쳐 보일 겁니다. 먹는 쪽이 먹어치우는 일에 바빠 먹히는 쪽이 되살아날 가능성까지 빼앗는 것 같으니까요. 반면 저는 기왕 목숨을 빼앗은 마당에 깨끗이 남김없이 먹어야 먹히는 쪽에 덜 미안하다고 생각하는 쪽이고요. 어느 쪽 생각이 맞을까요? 애초에 맞고 틀리고가 있는 문제일까요? 다시 생각해보니 목숨을 빼앗긴 쪽은 이리 먹히나 저리 먹히나 마찬가지일 것 같네요.

조선 후기의《청성잡기(靑城雜記)》라는 책에는 엽기적인 떡국 이야기가 나옵니다. 어느 세도가 집안에서 눈·코·입·귀에 팔다리까지 달린, 어린아이를 꼭 닮은 떡을 빚어 국을 끓였다고 해요. 그런 짓을 하더니 "오래 못 가 그 집이 망했다"며 지은이는 통쾌해합니다. 왜 그때나 지금이나 사람들은 이 이야기가 불편할까요? 인간의 아이가 상징적으로나마 육식의 대상이 되어 부와 권력을 거머쥔 자의 밥상에 오르는 모습 때문일 겁니다. 먹히는 쪽이 되는 일은 즐겁지 않은 법이죠.

자기 발을 잘라 파는 족발집 돼지 사장님

밤길 택시 안에서 입담 좋은 기사님이 들려준 이야기입니다. "손님, 장충동 여기가 어쩌다 족발 골목이 되었는지 아쇼? 장충체육관을 멋지게 지어놓기는 했는데, 당시에는 프로스포츠도 많이 없으니 레슬링 말고는 할 게 없었어, 프로레슬링. 아무개니, 아무개니 유명한 선수들 있잖아요. 경기를 마치고 나와 배는 고픈데 돈은 없고. 무얼 먹겠소? 족발 말고 있겠어요? 그래서 여기가 족발 골목이 된 거요."

흥미롭긴 한데, 사실일까요? 잘 모르겠네요. 기사님은 "장충체육관을 필리핀에서 지어줬다"고 했어요. 그러고 보니 종종 듣는 이야기네요. 하지만 확인해보니 사실이 아니었어요. 건축가 김정수가 설계해서 서울시 예산으로 지었다고 합니다. 한편 기사님은 "장충동 족발 골목이 유명하기는 하지만 진짜 맛있는 족발집은 다른 곳에 있다"고도 주장했습니다.

제주에는 특별한 족발인 '아강발'이 있습니다. 이 말이 무슨 뜻인가에 대해서는 여러 설이 있죠. 어린 돼지의 발이라고도 하고, 발목 아랫부분만 가리킨다고도 하고. 아무려나 고기가 적고 껍질이 많은 족발입니다.

독일에는 '슈바인스학세'가 있어요. 슈바인은 돼지, 학세는 족발이라는 뜻이에요. 족발을 한번 삶아 살코기를 부드럽게 한 다음 오븐에 구워 껍질을 바삭하게 만듭니다. 양도 제법 많아 독일에서 1인분을 두 사람이 나눠 먹고도 과식으로 약국에 간 기억이 있습니다. 소화제라는 단어가 떠오르지 않아 "내 위장이 너무 가득합니다"라고 독일어로 말하니 약사님이 웃다가 약을 주더군요.

전에는 차이나타운에 가야 먹을 수 있던 냉채족발은 이제 흔히 만나는 메뉴가 되었습니다. 한편 옛날 옛적 중국에는 족발을 부재료로 넣는 고급 닭고기 요리가 있었다는군요. 족발을 우려내고 고기는 버린 '족발 육수'에 닭을 삶았다나요. 지나치게 사치스러운 요리라서 이제는 사라졌다고 하네요.

족발의 인기는 콜라겐 때문이에요. 돼지의 껍질과 뼈에 많이 든 콜라겐은 가열하면 젤라틴이 된대요. 젤라틴은 젤리와 같은 성분입니다. 말하자면 족발은 돼지 맛 젤리인 셈이죠.

그런데 몇 해 전부터 족발을 먹을 때마다 불편한 생각이 듭니다. 만화가 최규석의 〈사랑은 단백질〉이라는 작품을 봤거든요. 애니메이션으로도 유명한데, 원작은 단편 만화입니다. 주인공 자취생들이 치킨을 배달시킵니다. 그런데 이상한 일이 일어나요. 족발집 사장님이 대신 배달을 오고, 치킨집 사장님은 밖에서 슬피 울고 있지요. 족발집 사장님의 정체는 돼지고 치킨집 사장님은 닭입니다. 족발집 사장님의 한 손(?)은 의수고요. 치킨집 사장님이 왜 우는지는 짐작하시겠지요. 자기 아이를 튀겨서 배달 온 겁니다. "우리 병돌이는 하늘을 날고 싶어하는 아이였소. 그것만은 알고 먹어주시오."

우리가 맛있게 먹는 고기란 결국 남의 살이었다는 사실을 우리는 잊고 싶어해요. 치킨은 한때 살아 있던 병아리였고 족발은 누군가의 다리였는데 말이죠. 굳이 그 점을 버르집어 확인시키는 작가의 솜씨가 대단합니다.

부댕과 순대로 피 한 방울 남김 없이

제가 좋아하는 프랑스식 돼지 요리 세 가지를 소개할게요. ❶앙두예트는 소시지처럼 소를 채운 돼지 창자 요리입니다. 알맹이 역시 돼지의 내장이죠. ❷라르도는 돼지비계 요리입니다. 원래는 이탈리아 요리였어요. 불에 익히지 않은 돼지의 등 부위 지방을 대리석으로 만든 단지에 넣고 서늘한 곳에서 숙성시킨대요. ❸부댕은 돼지 창자 안에 돼지 피를 빵빵하게 채워 넣은 선지 소시지예요.

한국에서 먹기 힘든 돼지 요리들이죠. 서울 서초동에 있는 '메종 조'라는 아담한 샤퀴테리에 가면 라르도와 부댕을 먹을 수 있습니다만, 이 책의 목적은 맛집 탐방이 아니니 자세한 설명은 생략하겠습니다.

가끔 부댕을 '프랑스식 순대'라고 소개하는 글을 봅니다. 서울에서 흔히 먹는 '당면순대' 말고, 남도와 제주의 '피순대'라면 비슷할지도 모르겠네요. 제주의 '찹쌀순대'는 피와 찹쌀을 듬뿍 넣습니다. 전북의 '피순대'도 유명합니다. 피가 많이 든 순대는 국물맛도 진해서, 순대국수를 해 먹기도 하지요.

그런데 세계에는 종교나 문화를 이유로 돼지나 소를 먹지 못하는 사람도 있습니다. 중국의 한족은 농사를 짓다 보니 소고기를 꺼리고 후이족은 이슬람 신앙 때문에 돼지를 먹지 않아요.

《혁명의 맛》을 쓴 가쓰미 요이치는 중국에서 양을 널리 먹는 것은 이 때문이라고 주장하지요.

정말 그럴까요? 중국 사람들이 양을 즐겨 먹는 것은 사실입니다. 다만 이슬람문화가 들어오기 훨씬 전부터 양은 인기 메뉴였어요. 옛날 춘추전국시대에 중산국(中山國)이라는 나라가 있었어요.《전국책(戰國策)》에 따르면 중산국 임금님의 잔칫상에 양을 재료로 만든 '양갱(羊羹)'이라는 요리가 나왔다고 합니다. 그런데 어쩌다 보니 사마자기라는 신하가 얻어먹지 못했습니다. 원한을 품은 사마자기는 남쪽 초나라 군대를 불러들여 중산국을 멸망시켜버렸다고 하네요. 이 이야기를 어떻게 해석할까요. 글쎄요. 저처럼 먹기 좋아하는 사람은 '남의 미식 생활을 방해하는 것은 나라를 잃을 만큼 큰 과오'라 주장할 것이고, 저 같은 사람을 고까워하는 사람은 '식탐이란 이렇듯 나라 전체에 민폐를 끼치는 과오'라고 주장하겠지요.

고대 '양갱'의 레시피는 알려져 있지 않지만, 한자학과 문화사를 연구한 아쓰지 데쓰지는《한자학》에서 '그럴 만큼 맛있는 요리였을 것'이라고 재치 있게 지적했어요. 어쩌면 양고기를 넣고 끓인 고깃국이었을지도 모르죠. 아무튼 나중에 양갱은 양의 피를 넣고 끓인 양선짓국을 뜻하게 되었습니다. 여기 들어간 검붉은 선지 덩어리의 모양을 본떠 일본에서 붉은 팥으로 달콤한 과자를 만들었다고 합니다. 우리에게도 익숙한 과자 '양갱'이 탄생한 사연이지요.

동서양을 오가며 핏덩어리 먹는 이야기를 해보았습니다. 아무려나 피를 먹는 일인데, 저 같은 사람은 "고기 먹는 일과 뭐가 다르냐"며 거리낌 없이 먹을 것이고, 어떤 사람은 불편하게 여기겠죠. 순대를 먹지 못한다는 분도 자주 만납니다. 이해해요. 저도 익히지 않은 피를 마시라면 못 마실 것 같아요. 사슴의 생피를 마셨다는 옛날 사냥꾼들이 보기에는 저도 달라 보이지 않겠죠. 익힌 고기는 먹지만 생고기는 못 먹는다, 생고기는 먹지만 순대는 안 먹는다, 순대는 먹어도 생피는 못 마신다 등등. 육식에 대한 금도는 사람마다 조금씩 달라서, 이야기할수록 어렵다는 생각이 듭니다.

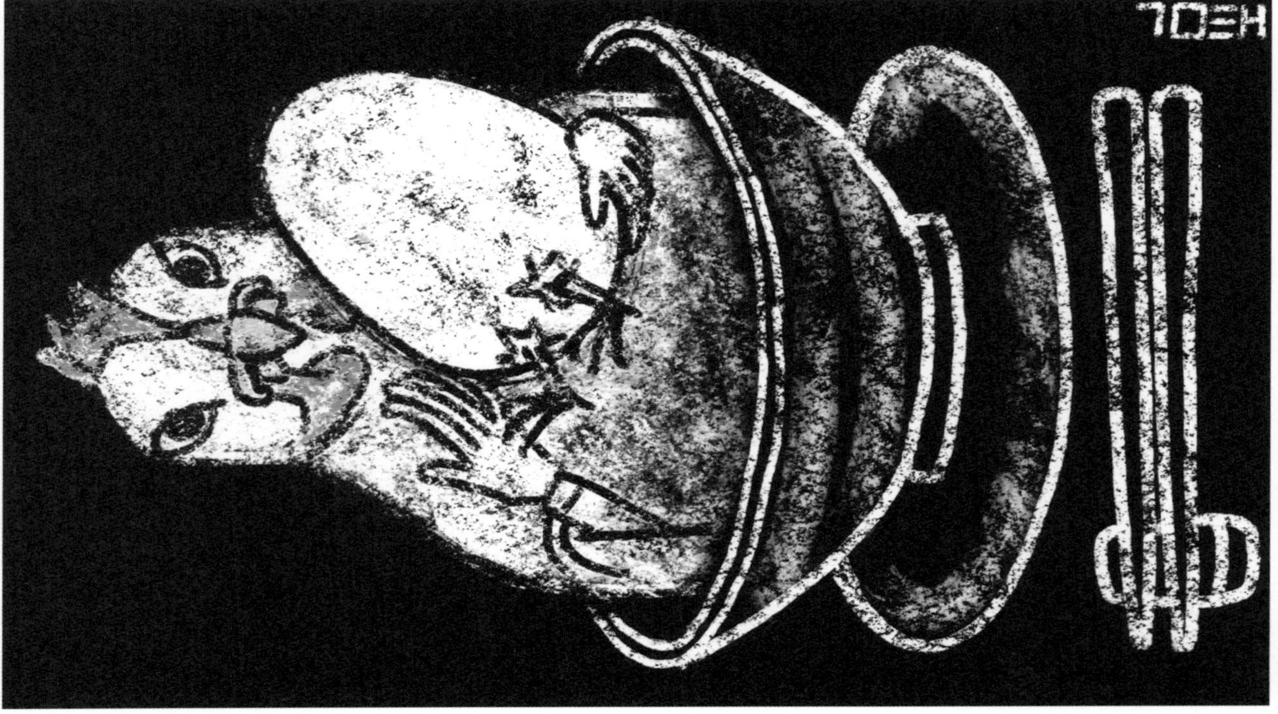

아빠와 아이가 사이좋게 먹은 닭과 달걀

아이의 입에 작은 수저로 오야코동을 떠먹일 때마다 이상한 기분이 드는 것은 저뿐만은 아니겠지요. 오야코동이라는 이름 때문에 그래요. 오야(親)는 어버이(조폭 영화에서 '오야붕', '꼬붕'이라고 할 때의 그 '오야'입니다), 코(子)는 자식을 뜻하거든요. 닭과 달걀, 즉 부모와 아이를 함께 먹는다고 해서 이런 이름이 붙었대요.

먹히는 쪽에서 보면 잔인한 농담입니다. 그런데 인간은 이런 농담을 해야 마음이 편해지나 봐요. 정육점에 소가 웃는 얼굴을, 돼지고깃집에 돼지 가족을 그려 붙이잖아요. 생명을 빼앗고 살을 뜯는다는 육식의 불편함을 잊기 위해 이러는 것일까요?

유대교의 음식에 대한 금기로는 '돼지고기를 먹지 말 것'이 유명하지만, 젖과 고기를 함께 먹지 말라는 율법도 있다고 합니다. 이 조항 때문에 치즈버거를 먹지 못한다고들 하지요. 왜 이런 규정이 생겼을까요? 옛날에 다른 종교를 믿던 사람들이 우유에 고기를 삶아 제사상에 올렸기 때문이라는 설명이 유명하지만, '부모의 젖으로 자식을 삶는 일'이 불편해서 그랬던 것은 아닐까, 저는 조심스레 생각해봅니다.

'고기를 먹는다'라는 말에는 '가족과 함께 살던 짐승을 잡는다'라는 말과 '가축을 자식처럼 키운다'라는 말이 숨어 있습니다. 잊으려고 애쓰긴 하지만, 육식의 불편함에 대해 고민할 때마다 제 머리를 떠나지 않는 이미지는 '부모가 자식의 고기를 먹는' 끔찍한 이야기들입니다. 그런데 세계 곳곳에 이런 이야기들이 많더라고요. 몇 가지 유형으로 정리해봤습니다.

첫째, 모르고 먹은 경우입니다. "내 엄마는 나를 죽이고, 내 아빠는 나를 먹었네." 이 노래는 그림 형제가 수집한 동화 〈노간주나무〉에 나옵니다. 엄마가 아이를 죽인 다음 요리를 해서 아빠한테 먹이는 끔찍한 이야기죠. 그리스 신화에도, 헤로도토스의 《역사》에도 '식사를 대접받았는데 알고 보니 자기 아이의 고기'였다는 이야기가 자주 등장합니다.

둘째, 알지만 모른 체하고 먹은 경우입니다. 옛날 옛적 중국의 폭군이던 은(殷)나라 주왕(紂王)이 자기 신하였던 주(周)나라 문왕(文王)을 괴롭히기 위해 문왕의 아들 백읍고(伯邑考)를 죽여 그 고기를 상에 올렸대요. 여기까지만 보면 앞의 경우와 비슷하죠. 그런데 주나라 문왕은 중국에서 성인(聖人)으로 일컬어지는 훌륭한 사람입니다. 이런 사람이 모르고 먹었다고 하면 체면이 깎일 것을 걱정했는지, 나중 사람들은 '문왕이 알고도 모른 체하고 먹었다'고 이야기를 꾸며냈습니다(글쎄요, 알고도 먹은 쪽이 더 안 좋은 것 같습니다만). 아무튼 폭군의 감시에서 풀려난 후 먹은 것을 게워내며 슬피 울었다고 하네요.

셋째, 알고 먹은 경우입니다. 아이의 살이라는 것을 잘 알지만, 배가 너무 고파 먹은 이야기가 단테의 《신곡》'지옥편'에 나옵니다. 동료에게 배신당하고 자식들과 함께 탑에 갇힌 우골리노 백작. 우골리노 가족은 굶어 죽어갑니다. 아이들은 "아버지, 우리 살이라도 드세요"라고 말하며 죽어갔고, 처음에는 거부하던 우골리노도 나중에는 아이들의 살을 먹게 된다는 이야기입니다.

이 이야기들에는 공통점이 있어요. 처참한 복수 이야기가 이어진다는 점이죠. 아이의 고기를 먹게 되는 상황이야말로 상상할 수 있는 가장 끔찍한 일이기 때문에 그렇겠지요(자기 아이의 고기를 남에게 먹이는 이야기도 많습니다).

아무튼 오야코동을 먹을 때면 제 마음은 복잡합니다. 하지만 달걀도 닭고기도 씹기 편하니 오야코동은 아이에게 먹이기에 좋은 음식입니다. 그래서 저는 세 살배기 아이와 덮밥집에 가면 오야코동을 주문합니다. 남의 부모와 자식을 우리 부모와 자식이 먹는 셈이니 불편하지만, 육식은 원래 불편한 것, 아니 불편해야 옳은 것이겠지요.

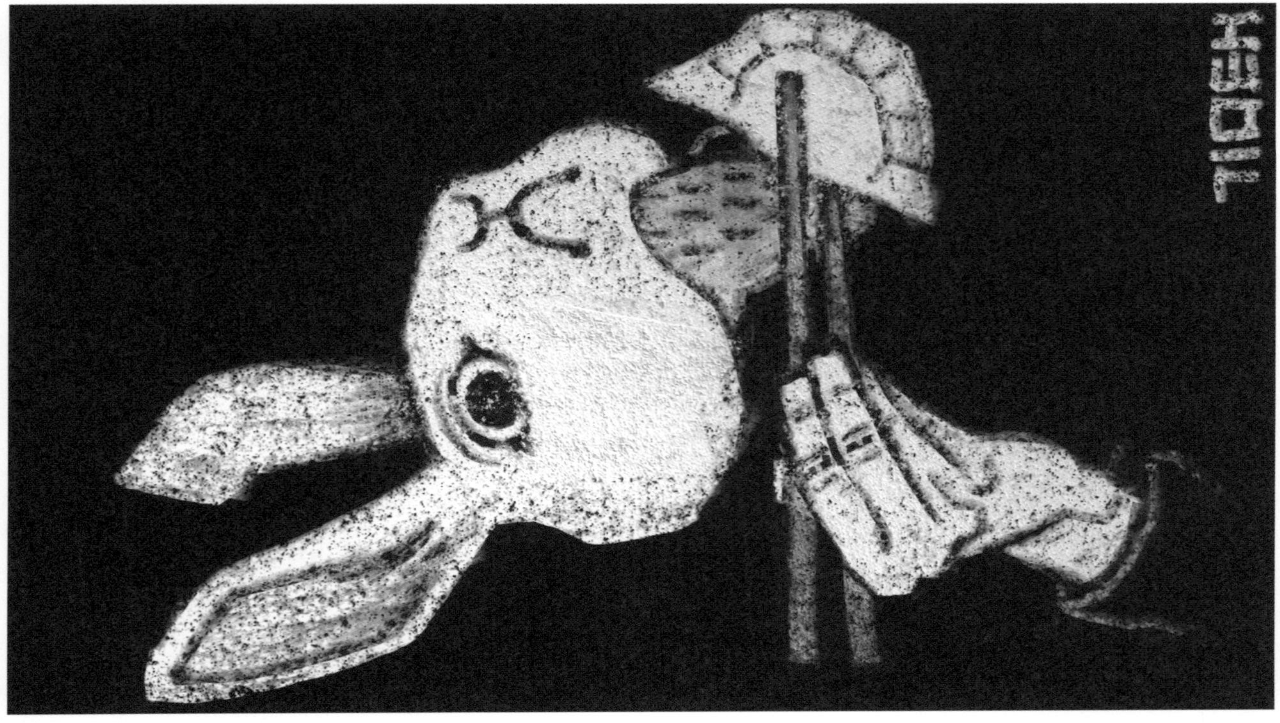

《피터 래빗 이야기》의 고기파이와 《수호전》의 고기만두

전 세계 요리에는 다양한 고기만두와 친구들이 있어요. 그 중 '삼사'는 중앙아시아의 요리예요. 고려가요 <쌍화점>의 '쌍화'가 삼사를 한자로 옮긴 것이라고 하네요. 중국식 군만두와는 달리 튀기지 않고 화덕에 구워서, 겉은 담백하지만 양고기를 다져 넣은 소는 '고기고기' 합니다. 비슷한 이름의 '사모사'는 인도와 중동 지역의 음식인데 익힌 채소를 으깨 소를 채웁니다. 고기를 넣어서도 먹고요. 유럽에는 '미트파이'가 있어요. 사냥한 고기를 넣으면 특별히 '게임파이'라고 부른대요. 이를테면 산토끼 같은 짐승 말이죠.

토끼고기의 맛은 잘 모르겠어요. 몇 조각 맛본 일은 있지만, 나중에 눈을 가리고 "토끼고기를 가려내보라"고 하면 맞히지 못할 것 같아요. 많이 먹어본 사람 이야기로는 지방이 적고 단백질이 많다는 것 말고는 특별한 개성은 없다고 하네요. 프랑스에 갔을 때 정육 코너에서 가죽을 벗겨 매달아놓은 토끼를 본 적이 있어요. 돼지나 닭만 보다가 갈고리에 거꾸로 매달린 토끼의 형상을 보니 당황스럽더군요. 아마 익숙하지 않아서 그랬겠죠. 토끼고기를 즐겨 먹는 외국 사람이 우리네 고사상에 올라온 돼지 머리를 보고 기겁할지도 모르죠. 어느 쪽이건 '먹는 자와 먹히는 자의 거리가 그렇게 멀지 않구나'라는 새삼스러운 생각을 하게 만드는 계기가 되겠죠.

"얘들아, 들판이나 시골길에서는 놀아도 되지만 맥그리거 씨의 정원에는 들어가면 안 돼. 너희 아버지가 그곳에 갔다가 맥그리거 부인이 굽는 파이 속이 되고 말았지." 일러스트로도 유명한《피터 래빗 이야기》의 첫머리입니다. 아빠는 토끼파이가 되어 이웃집 농부에게 잡아먹혔고 주인공 피터도 비슷한 위기를 겪지요.

다진 고기 신세가 될 뻔한 이야기는《수호전》에도 나옵니다. 천하장사 무송이 인적이 뜸한 낯선 여관에서 만두를 시켰는데 낌새가 이상하더랍니다. 알고 보니 그곳은 살인강도가 운영하던 여관이었어요. 지나가는 손님에게 약을 먹여 정신을 잃게 한 후 금품을 빼앗고 사람은 만두소로 만들었다나요. 무송은 호랑이를 맨손으로 때려잡던 호걸이니 오히려 여관 주인 부부를 제압합니다. 다른 손님들은 꼼짝없이 당했겠지만 말이에요. 호걸들의 리더, 송강 역시 비슷한 일을 겪습니다. 그는 유배 가던 길에 마취약을 탄 술을 마시고 정신을 잃었습니다. 가게 주인이 손님을 살해해 만두소로 만들어버리려던 것이죠. 나중에 주인은 이 손님의 정체가 유명한 송강이라는 사실을 알고는 해독약을 먹여 살려냅니다.

왜 하필 만두일까요? 하얀 만두피가 만두소의 실체를 은폐해주기 때문이겠지요. 《수호전》의 끔찍한 이야기들이 당시 상황과 무관하지 않다는 주장도 있습니다. 송나라가 망해가던 시절에는 민란도 일어나고 유목민족도 쳐들어와 전쟁이 많았대요. 하루하루 먹고사는 일도 힘들었을 거예요. 역사학자 미야자키 이치사다에 따르면 모르는 사람을 잡아먹는 장면이나 원수를 죽여 제사에 쓰는 장면이 《수호전》에 자주 나오는 것도 그래서라나요. 아무려나 불편한 이야기지요.

그런데 《수호전》의 세계관은 독특합니다. 무송은 자기를 잡아먹으려던 손이랑 부부의 사과를 받고 친구가 됩니다. 송강은 자기에게 약을 먹인 이립을 나중에 부하로 삼지요. 이들 모두가 훗날 '양산박의 108두령'이 되어 형제자매처럼 살갑게 지냅니다. 이렇게 먹는 쪽과 먹히는 쪽이 친구가 되는 일이 가능할까요? 마음이 편해지는 상상입니다. 누군가의 가족을 잡아먹고 있다는 불편함을 조금이라도 덜어낼 수 있으니까요. 하지만 글쎄요, 피터 래빗이 '아버지의 원수' 맥그리거 씨를 친구로 받아줄 것 같지는 않네요.

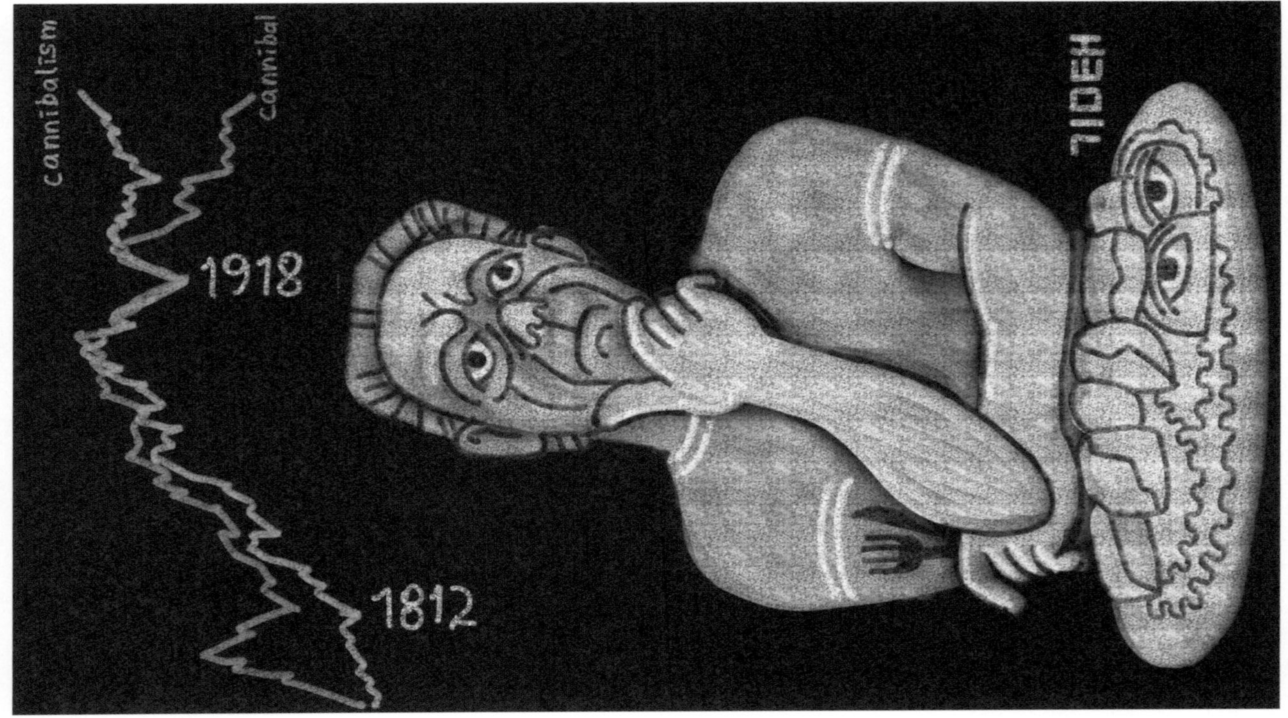
cannibalism
cannibal
1918
1812

사람을 먹는 사람과
그 이야기를 즐기는 사람

"피해자의 형제가 믹서 안에서 사람의 이빨을 찾아내 범행 사실을 밝혀냈다." 2018년 11월, 영국 BBC 뉴스에 엽기적인 살인사건이 보도되었습니다. 범인은 모로코에서 아랍에미리트로 건너 온 30대 여성이었습니다. 배신한 남자친구를 살해한 다음 시신을 요리하여 이웃의 파키스탄 사람들에게 대접했다나요.

고대 서사시부터 동화와 만화와 뮤지컬까지, 식인종을 소재로 삼은 이야기는 많아요. 이상한 일이죠. 인간은 남의 살을 먹는 존재면서도 자기 살이 먹히는 이야기를 즐깁니다. 어째서일까요? 여러 가지 생각을 해보았습니다.

우선 우리는 왜 식인종 이야기를 끊지 못할까요? 널리 퍼진 설명은 이렇습니다. 현실 세계에서 이런 사건이 자주 일어나기 때문에 허구의 세계에도 등장한다는, 허구는 현실의 거울이라는 것이죠. 역사학자 로버트 단턴이 그림 동화의 〈노간주나무〉에 대해, 미야자키 이치사다가 《수호전》의 식인 만두에 대해 이런 지적을 했습니다.

그런데 빅데이터로 확인하니 의외의 결과가 나와요. '구글엔그램뷰어(Google Ngram Viewer)'로 지난 300년 동안 '식인종'과 '식인'을 뜻하는 영어단어 '캐니벌(cannibal)'과 '캐니벌리즘(cannibalism)'이 어떻게 쓰였나 찾아봤지요.

앞서의 가설이 참이라면 무서운 전쟁을 치르는 동안 사람고기를 먹는 이야기가 인기를 누려야겠죠. 결과는 다르더군요. 19세기 이후 식인종과 관련된 단어의 사용 빈도가 갈수록 높아지긴 했어요. 그러다 크게 두 번 꺾입니다. 1810년대 초반과 1910년대 말. 각각 나폴레옹전쟁과 1차 대전 때였죠. 2차 대전과 한국전쟁 무렵 그리고 1980년대 미소 냉전이 심했을 무렵에도 주춤했고요.

그렇다면 이 현상을 어떻게 이해해야 할까요. 아무리 잔인한 이야기를 즐기는 사람이라도 전쟁처럼 실제로 일어난 살인은 불편해한다는 의미 아닐까요. 저는 낭만주의 미학의 '숭고' 개념을 떠올립니다. 미학에서 말하는 숭고란 원래 '고상하다'는 의미가 아니라 '깎아지른 절벽이나 거센 해일처럼 압도적인 크기'를 의미했어요. 좋은 의미든 나쁜 의미든, 보통 사이즈를 벗어난 대상과 마주쳤을 때 '안전거리'만 확보한다면 상황을 즐길 수도 있다는 이론입니다.

영국 작가 토머스 드 퀸시는 19세기에 《예술분과로서의 살인》이라는 책을 썼어요. 책 앞부분은 '살인사건도 오락거리가 된다'는 흥미로운 내용을 담고 있죠. 영화감독 앨프리드 히치콕도

이 글에 감탄했지요. 반면 실제 살인사건을 모은 책의 뒷부분은 재미가 없습니다. 읽으면 불편하니까요. 허구의 식인종에게 매혹되면서도 현실의 살인은 애써 외면하는 것이 우리의 심리입니다.

그런데 가끔 이런 심리를 뛰어넘는 예외적인 일이 벌어집니다. 가령 아르민 마이베스가 2001년에 베른트 위르겐 브란데스라는 사람을 잡아먹은 사건은 실화지만 불편함 없이 자주 언급되곤 해요. 많이 팔린 책인 마이클 샌델의 《정의란 무엇인가》에도 나옵니다. 브란데스가 잡아먹히는 일에 기꺼이 동의했고 마이베스도 그를 친절히 대했다는 사실이 심리적인 안전거리를 확보해준다고나 할까요.

마이베스는 감옥에서 채식주의를 선언합니다. 생뚱맞죠. "과연 이상한 사람"이라는 반응이 대부분이었어요. 하지만 마이베스가 채식을 선택한 이유는 생뚱맞지 않습니다. 오늘날 공장식 축산에 문제가 많다고 느껴서래요. 사실 저도 그런 생각은 해요. 돼지고기며 닭고기며 싼값에 먹는 즐거움을 버리지 못할 뿐이죠. 공장식 축산이건 현실 세계의 살인사건이건 외면한다고 사라지지는 않을 텐데 말이죠.

먹히는 자에 대한 예의

양명학에서 말하는
'미꾸라지의 인(仁)'

미꾸라지의 인(仁)에 관해 네 가지 이야기를 해보겠습니다.

첫째, 미꾸라지와 드렁허리에 대한 것입니다. 드렁허리는 논두렁에 사는 물고기인데 뱀장어처럼 생겼대요. 젊어서 가난으로 고생하다가 늦깎이 공부로 양명학을 대표하는 철학자가 된 명나라 사람 심재(心齋) 왕간(王艮)은 다음과 같이 썼습니다. "시장에 갔다가 통에 가득 담긴 드렁허리를 보았다. 얽히고 짓눌려서 마치 숨이 끊어진 것처럼 보였다. 그때 미꾸라지 한 마리가 아래위로, 좌우로, 앞뒤로 쉬지 않고 움직이자… 드렁허리들도 미꾸라지 덕분에 몸을 움직이고 기운이 통해 살려는 뜻을 회복하게 되었다."

그런데 "드렁허리의 목숨을 건진 것은 미꾸라지의 공이지만 그 역시 미꾸라지의 즐거움이기도 했다. …드렁허리가 은혜 갚기를 기대하여 그렇게 한 것이 아니다." 이것을 미꾸라지의

'인'이라고 합니다. 송나라 철학자 정명도(程明道) 이후로 '인'이란 말은 삶을 향한 의지를 뜻하게 되었어요. 자기도 살고 남도 살고. 삶을 향한 의지는 그 자체로 즐겁다는 뭉클한 이야기입니다.

둘째, 미꾸라지가 들어 있는 수조에 메기를 집어넣는다는 '불인(不仁)'한 이야기도 있습니다. 메기는 미꾸라지를 잡아먹는 천적이라서 메기를 집어넣으면 미꾸라지들이 달아나려고 버둥거리다가 더 튼튼해지고 잘살게 된다는 주장인데, 사실일까요? 아니, 거짓말이래요. 천적 가까이 살아서 좋을 일이 없다는 군요. 아이러니하게도 기업체를 물려받은 2세, 3세 회장님 가운데 이 이야기를 좋아하는 분들이 있습니다. 겪은 일이 아니라 그럴까요, 아니면 자신이 그런 일을 겪었다고 믿고 있는 걸까요?

셋째, 추어탕 대 추탕의 이야기입니다. 지역에 따라 미꾸라지를 갈아 넣은 요리가 추어탕이고, 갈지 않고 통으로 넣은 요리가 '추탕'입니다. 얼얼한 맛을 내기 위해 추어탕 또는 추탕에 넣는 가루의 이름이 제피냐 초피냐 산초냐 역시 논란거리죠. 아무려나 먹을 때 미꾸라지가 보이느냐 보이지 않느냐, 추어탕의 '인'에 대해 생각해봅니다. 미꾸라지의 몸을 보면 측은한 마음이 일어나 먹지 못한다는 쪽이 '인'일까요? 또는 먹는 사람이 마음 편하겠다고 형태도 알아보지 못하게 갈아버리는 쪽이 '불인'일까요? "제 손으로 키우던 닭을 먹을 수 있느냐 없느냐"와 더불어, 남의 살을 먹을 때마다 부딪치는 낯익은 문제입니다. 정답은 없죠.

넷째, 미꾸라지와 두부를 이용한 잔인한 요리법에 대한 이야기입니다. 냄비에 찬물을 붓고 살아 있는 미꾸라지와 두부 한

모를 넣는대요. 물을 끓이면 미꾸라지가 살고 싶어서 그나마 덜 뜨거운 두부로 파고든다는군요. 나중에 미꾸라지가 송송 박힌 두부를 썰어 먹는다는 잔인한 레시피죠. 미꾸라지의 살려는 의지를 인간이 악용하는 것처럼 보입니다.

사실 이 이야기는 거짓말입니다. 실제로는 미꾸라지들이 두부로 파고드는 대신 냄비 뚜껑을 들이받고 뛰쳐나오거든요.

그런데 저는 이 사실을 어떻게 알까요. 저는 어릴 때 자주 아픈 아이였어요. 집 앞 시장에서 어머니가 "훌륭한 보양식이 있다"는 이야기를 듣고 미꾸라지와 두부를 사 오셨지요. 그러나 삶의 의지가 넘치던 미꾸라지들은 양은냄비를 뒤집고 튀어나와 주방을 엉망으로 만들었습니다(사실은 어린이의 호기심으로 '정말 미꾸라지가 두부로 파고드나' 확인하고 싶었던 저의 잘못일 수도 있고요. 어머니 죄송해요, 그때 제가 뚜껑을 살짝 열어봤어요).

원래 '인'은 부모와 자식 사이의 애틋한 마음을 의미했대요. 가족을 먹이기 위해 살아 있는 미꾸라지를 삶고 짐승의 목숨과 살코기를 빼앗는 일은 '인'일까요, '불인'일까요? 육식이 던지는 어려운 질문입니다.

먹히는 자에 대한 예의

사람고기를 먹지 않던 옛날 좀비

식사에 좀비를 초대한다면 어떨까요? 우선 좀비의 식성에 대해 알아봅시다.

❶양은 많이 : 좀비는 죽었다 살아난 자입니다. 옛날 좀비는 장례를 치르고 땅에 묻힌 사람을 나중에 주술사가 몰래 꺼내 되살려낸 노예였대요. 며칠은 굶었을 터이니 배가 무척 고프겠죠. 그럼 요즘 좀비는 어떨까요. 영화를 보니 죽자마자 되살아나던데요. 그래도 자제력을 잃은 상태라고 하니, 다이어트고 뭐고 입에 닿는 대로 먹어치우겠죠? 그러니 좀비를 대접하려면 일단 양을 많이 준비하셔야 해요.

❷먹기가 편해야 : 좀비는 둔하다고들 하죠. 옛날 좀비는 노예 노동을 위해 되살린 존재라서 영리하면 부려먹기 힘들었을 거예요. 당연히 주술사도 똑똑한 좀비를 원하지 않았겠죠. 좀비 쪽에서도 살아나 일만 하는 처지이니 무기력한 편이 나았을 거예

요. 요즘에는 돌림병에 걸려서 좀비가 된다죠. 머리를 쓰는 일은 병 때문에 잘 못 하나 봐요. 어려운 젓가락질을 하거나 골라 먹거나 직접 조리해야 하는 '복잡한' 음식을 내놓는 것은 좀비에게 예의가 아니겠죠.

❸빨리 나오는 음식 : 좀비가 둔하다고 해서 느리다는 뜻은 아니에요. 옛날 좀비는 멀리서 일하는 모습만 보고는 살아 있는 사람과 구별하기 어려웠어요. 가까이 다가가 말을 걸어봐야 좀비임을 알 수 있었죠. 하지만 다가가기가 어려웠답니다. 좀비를 되살려낸 주술사가 근처에서 늘 감시했으니까요. 어쩌다가 주술사의 눈을 피해 주술을 풀어주면 좀비는 죽음을 맞기 위해 무서운 속도로 무덤으로 달려갔대요. 요즘 좀비도 느린 친구들은 아니에요. 20세기 후반 저예산 공포 영화에 등장한 좀비를 보면 느리게 걷기는 합니다. 아마추어 배우의 어색한 연기에 지친 감독이 차라리 카메라 앞에서 느리게 움직이라고 지시했다고 합니다. 하지만 최근 좀비 영화를 보면 달리기도 제법 잘하더군요. 어쨌든 음식이 느리게 나와도 마냥 기다려줄 친구들은 아니라는 점을 기억하세요.

❹소금 간을 할 것인가 : 20세기 중반 이전에 좀비가 된 경우라면, 소금으로 간한 음식을 내놓아서는 안 됩니다. 좀비에게 걸린 주술을 푸는 방법이 바로 소금을 먹이는 것이니까요. 소금 맛을 본 좀비는 자기가 죽었다는 사실을 깨닫고 무덤으로 달려갑니다. 죽어도 죽지 못한 채 일만 하는 저주에서 풀려나는 거죠. 아니, 이렇게 생각하니 소금을 억지로라도 먹여야겠군요.

❺육식 : 좀비가 사람고기를 먹은 것은 언제부터일까요.

죽은 사람이 살아나서 산 사람의 살코기를 먹는 이미지는 20세기 후반 공포영화를 통해 널리 퍼졌습니다. 가장 유명한 작품은 조지 로메로 감독의 1968년 영화 〈살아 있는 시체들의 밤〉이에요. 더 옛날로 거슬러 올라가면 어떨까요. 제가 본 작품 중에는 공포소설의 대가 러브크래프트가 1922년에 발표한 〈허버트 웨스트-리애니메이터〉가 제일 오래되었어요. 러브크래프트 자신은 이 소설을 '망한 작품'이라 여겼다지만, 꽤 재미있는 단편입니다. 그런데 〈살아 있는 시체들의 밤〉과 〈허버트 웨스트-리애니메이터〉 모두 '좀비'라는 단어가 등장하지는 않습니다. '식인'과 '좀비'는 원래 별개의 개념이었기 때문이죠.

생각해보면, 옛날 좀비는 사람고기를 먹지 않는다는 점에서 '요즘 좀비'보다는 차라리 '요즘 산 사람'과 비슷하네요. 맛있는 음식을 원 없이 먹지도 못한 채 날마다 일만 한다는 점도 그렇고요.

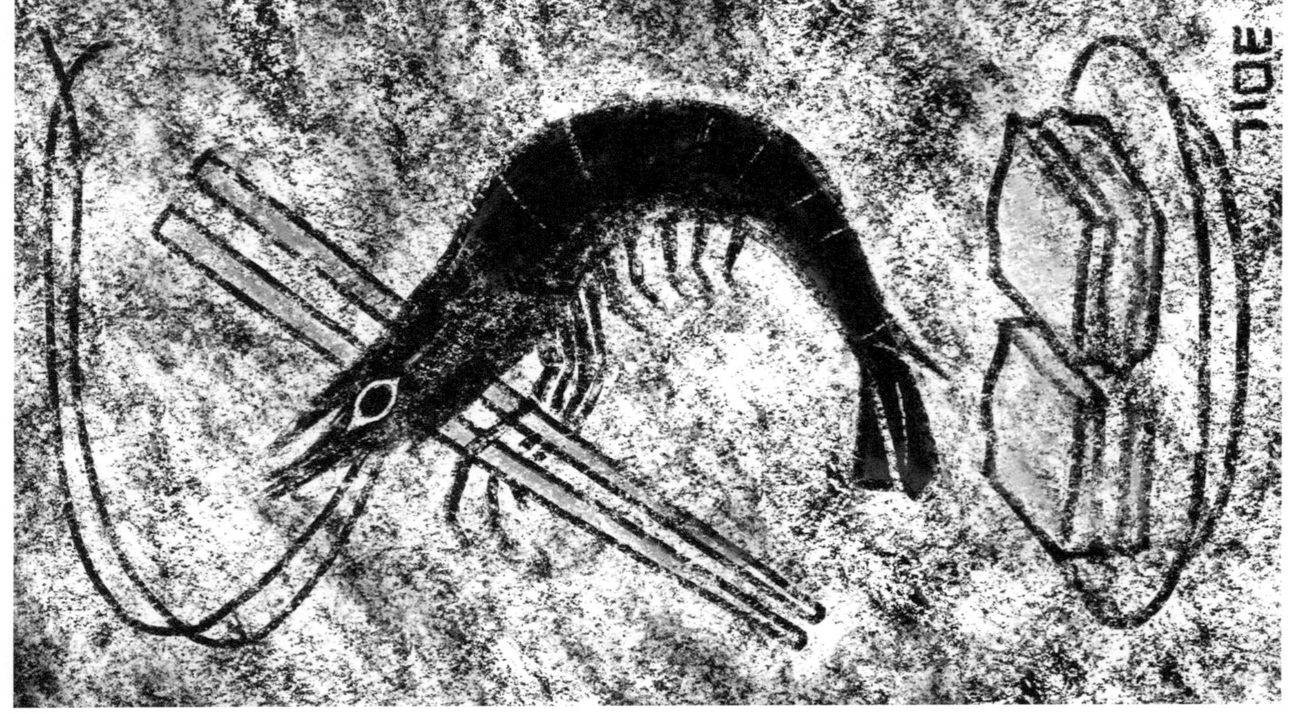

"새우 아야, 아야!"

세 돌 된 아이랑 종종 중화요리를 먹으러 갔어요. 한번은 멘보샤(바오샤)를 주문해보았죠. 새우 살을 다져 얇게 썬 식빵 사이에 샌드위치처럼 채우고 튀겨낸 음식이에요. 아이는 먹지 않더군요. "그래, 아직은 이르구나." 자장면을 시켜줬어요. 아빠는 가위를 들고 면과 고명을 자릅니다. 그런데 자장면에 든 작은 새우를 자르는 모습을 보더니 아이가 말하더라고요. "새우 아야, 아야!"

여러 생각이 들었어요. 이 책을 쓰며 이런 고민을 했습니다.

첫째는 육식하는 불편함이에요. 나는 고기 요리를 좋아합니다. 맛있게 먹었던 고기를 보면 군침이 돌고, 안 먹어본 고기를 보면 호기심이 동합니다. 그런 저도 육식이 불편할 때가 있어요. 목숨을 빼앗는 일이니 당연하죠. 게다가 동물들이 죽기 전부터 고통을 겪는다는 사실까지 알게 되니, 요즘은 마음이 더 무겁습니다.

옛날에 저는 '오도리'를 종종 먹었어요. 산 채로 껍데기를 벗겨 먹는 새우인데 살은 달콤하고 씹는 맛은 쫄깃해요. '오도리'는 일본어로 '춤'이라는 뜻입니다. 껍데기를 벗길 때 새우가 펄떡대는 모습 때문에 붙은 이름이래요. 그런데 새우 같은 갑각류가 사실은 고통을 심하게 느낀다는 글을 읽었어요. 새우는 아파서 펄떡댔나 봐요. 앞으로 저는 '오도리'를 먹을 수 있을까요? 이 고민을 하던 참에 "새우, 아야"라는 말을 듣고 기분이 묘했습니다.

둘째는 문화로서의 육식이에요. 이를테면 음식과 종교의 문제 같은 것이죠. 새우는 흥미로운 주제입니다. '모세의 율법'에 따르면 '지느러미와 비늘이 없는 물고기'는 먹지 못해요. 그런데 모세를 예언자로 인정하는 유대교, 기독교, 이슬람교의 입장이 오늘날 다 달라요. 독실한 유대교인은 새우를 먹지 않는대요. 기독교도는 마음 편히 먹죠(율법이 저런 줄 모르는 신자도 적지 않을 듯하네요). 이슬람교도는 지역에 따라 다르다고 들었고요.

셋째는 육식과 계급의 문제예요. 프랜차이즈 새우버거와 요릿집 멘보샤는 어떻게 다를까요? "어느 프랜차이즈의 새우버거에 새우가 너무 적게 들어가서 갑각류 알레르기가 있는 친구가 모르고 먹었는데도 탈이 나지 않았다"는 이야기가 한때 유명했죠. 그렇다면 새우버거를 즐겨 먹되 멘보샤를 먹지 않는다는 것은 제대로 된 새우 맛을 모른다는 증거일 수 있어요. 한때 저는 취향의 문제로만 생각했습니다. 그런데 사실은 어떤가요. '흙수저'와 '금수저'의 격차일 수도 있어요. 새우버거는 싸고 멘보샤는 비싸거든요. 어쩌면 취향이 있네 없네 따진다는 것부터가 계급을 나누고 차별하는 일일지도 모르죠.

이 세 가지 고민은 갈수록 깊어질 듯하네요. 첫째, '공장식 축산'은 앞으로 더 입길에 오를 거예요. 둘째, 종교와 삶의 방식이 서로 다른 사람들이 더 부대끼며 살아갈 테고요. 셋째, 양극화는 더 심해질 겁니다. 자장면에 고명으로 얹힌 새우 한 마리도 마음 편히 먹기가 쉽지 않은 시대입니다.

이 장에서는 역사 속의 문화 인물들을 다루려고 해요. 중국의 공자와 시인 소동파 그리고 영화감독 주성치와 관련된 고기 요리를 만날 거예요. 이탈리아 피렌체의 메디치 가문과 미켈란젤로의 독특한 식단도 짚어봅니다. 조선 후기의 실학자 이덕무가 쓴 〈하돈탄〉이라는 시도 살펴보아요. 오늘날 지나친 육식을 경계하는 글로 읽어도 손색이 없죠.

문화를 이야기할 때 빼놓을 수 없는 뜨거운 주제가 종교. 그런데 종교에 대한 글은 참 쓰기가 어렵습니다. 이 종교를 믿는 사람이 저 종교를 믿는 사람을, 종교가 없는 사람이 종교가 있는 사람을 싫어하며 꺼리는 경우가 적지 않거든요. 특히 고기 가리는 계율을 두고 믿음이 다른 사람을 놀리고 괴롭히는 이들을 보며, 육식은 동물과 인간의 문제인 동시에 인간과 인간의 문제라고 새삼 생각해봅니다.

2장

육식의
역사와 문화

송나라 시인 소동파의 복어와 돼지

중학생 때 읽은 글입니다. "송나라 사람 소동파(蘇東坡)가 '하 무슨 지방'의 돼지고기가 특별히 맛있다는 말을 듣고 돼지를 구해오라며 사람을 보냈다. 그런데 이 '맛돼지'를 몰고 오던 심부름꾼이 돌아오다 술에 취해 돼지를 잃어버렸다. 어쩔 수 없이 아무 돼지나 잡아다 요리했는데 손님들은 맛있는 돼지고기를 먹었다며 칭찬했다. 사실이 밝혀지자 모두 부끄러워했다." 얼치기 아는 체를 비웃는 내용입니다. 중학생이 좋아할 주제라 제 기억에 또렷이 남았지요. '하 무슨 지방'이 어딘지만 빼고요.

그런데 10여 년 후에 일본어로 된 어류도감을 뒤지다가 저는 깜짝 놀랐어요. 한·중·일 세 나라에서 복어를 '하돈(河豚)'이라 불렀다는 사실을 알게 됐거든요. "혹시 하돈을 하 지방의 돼지로 옮긴 것은 아닐까?" 등줄기가 서늘해졌어요. '아는 체를 비웃던 나 역시 모르면서 아는 체한 것일까? 내가 틀릴 수도 있구나' 하는 생각이 들었어요.

다시 10여 년이 흘렀어요. 저는 때때로 이 이야기를 떠올렸지요. '소동파의 윤똑똑이 손님들이 먹은 건 돼지일까 복일까.'

헷갈릴 이유가 있었어요. 소동파(본명은 소식)는 복어 마니아로도, 돼지고기 마니아로도 유명했거든요. 돼지 요리인 '동파육'은 소동파의 호를 붙인 것이라고 해요.

한편 소동파는 복어도 즐겼어요. 그래서 〈혜숭춘강만경(惠崇春江晩景)〉이라는 시에서 이렇게 노래했지요. "쑥이 땅에 가득하고 갈대 싹도 올라온다/바로 복어가 올라올 철이로구나." 황복은 바다에서 살다가 강으로 올라와 알을 낳는대요. 봄이 오는 풍경을 보며 복어부터 떠올리다니 무서운 식탐입니다.

그렇게 복어를 좋아하는 소동파가 어느 사대부 집에 초대받았을 때의 일입니다. 그 집의 자랑은 복요리였기에 미식가로 유명한 소동파의 반응이 궁금해 사람들이 병풍 뒤에서 지켜봤대요. 소동파는 말도 없이 묵묵히 먹기만 하더랍니다. 사람들은 조바심이 났지요. 한참을 그러던 소동파가 갑자기 큰소리로 외치더라나요. "죽음을 무릅쓸 맛이야!"

하지만 조선 사람인 이덕무는 생각이 달랐어요. 복어가 맛있다는 사실은 인정하면서도 독이 있는데 굳이 먹어야 하냐며 〈하돈탄(河豚歎)〉이라는 시를 썼지요. 복을 먹지 말자는 이유가 눈길을 끌어요. "하돈 역시 삶을 얻고/사람 또한 목숨을 연장하니." 동물의 생명과 인간의 건강, 요즘 사람이 봐도 공감이 가는 논리입니다. 물론 "죽음을 무릅쓴" 소동파라면 인정하지 않았겠지요.

아무튼 소동파의 손님들은 돼지고기 맛의 차이를 몰랐을까요, 아니면 복어가 무엇인지 몰랐을까요? 어류도감을 보고 나서 저는 중학생 때 읽은 문제의 책을 찾아, 틈날 때마다 책장을 뒤졌어요. 그러나 결국에는 찾지 못했습니다.

이 글을 쓰다가 《한자의 모험》이라는 책을 쓴 윤성훈 선생에게 도움을 청했어요.

"혹시 이 이야기의 출전을 아시는지?" "글쎄."

몇 시간 후에 답변이 왔습니다. "찾았음."

"헉, 어디서?"

이야기는 《구지필기(仇池筆記)》라는 책에 나오고 이렇게 시작한다고 합니다. "소동파가 말하기를, '예전에 기 지방에 머물 때 하양(河陽) 땅의 돼지고기가 맛있다고 들었다.'" 복어가 아니라 돼지가 맞네요. 새삼 등줄기가 서늘해졌습니다. '30년 전에 돼지라고 읽고는 10여 년 동안 사실은 복어가 아닐까 염려했는데 이제 보니 돼지가 맞았구나, 휴.' 오랜 세월 혼자 엉뚱한 상상을 했군요. '내가 틀릴 수도 있구나', 다시 또 명심해봅니다.

먹히는 자에 대한 예의

돼지고기를 먹지 않는 유대교와 이슬람교

《성서》'레위기' 11장에 "굽이 두 쪽으로 갈라지고 새김질하는 짐승"은 먹어도 된다는 신의 말씀이 나옵니다. 돼지는 새김질을 하지 않으니 '부정한' 짐승이죠. 《성서》에 따르면 돼지고기는 먹으면 안 되는 것이에요. 그런데 유대교와 이슬람교는 왜 돼지고기를 먹지 못하게 했을까요? 돼지는 어쩌다 '더럽다'는 불명예를 안게 되었을까요?

《문화의 수수께끼》에서 인류학자 마빈 해리스는 합리적 설명을 시도합니다. 돼지는 잡식성이라서 먹을거리를 놓고 인간과 경쟁합니다. '고기 맛은 좋지만 사료와 (그늘이) 시원한 돼지우리를 만드는 비용이 너무 비싸기에' 중동 지역에서 금기가 되었다고 합니다. 인기 있는 이론이긴 하지만 돼지고기 말고 다른 금기들은 어떻게 설명할지 모르겠네요.

심리학자 찰스 스펜스는 후각과 유전자를 거론합니다. "전

세계에서 거세 안 한 수퇘지의 오줌 냄새에 민감한 사람들의 비율이 높은 지역은 어디일까? 중동이다. 종교적인 이유로 돼지고기를 먹지 못하게 하는 곳과 일치한다. 단순한 우연일까?"《왜 맛있을까》에 나오는 이야기입니다. 흥미롭기는 하지만 인종주의에 빠질 위험이 있죠.

작가 마르타 자라스카는《고기를 끊지 못하는 사람들》에서 중동 사람들이 돼지고기를 먹지 않는 이유로 '공동체에 대한 소속감'을 꼽습니다. "중동의 돼지고기 금기는 그리스도교로부터 이슬람교와 유대교를 차별화하는 데 도움"이 되었다는 것이죠. 그러면서 '만일 새로운 종교를 시작한다면 인기 있는 육류를 금지함으로써 빠르게 자리 잡을 수 있을 것'이라고 꼬집네요. 제가 보기에는 가장 이치에 맞는 주장 같습니다. 물론 인기 없는 이론이죠. 너무 당연해서 재미가 없잖아요. 설명이란 상식에서 벗어나야 재미도 있고 인기도 얻으니까요.

돼지를 먹지 말라는 까닭은 돼지가 더러워서가 아니라 인간과 가까워서일 수도 있습니다. 인간과 돼지가 생물학적으로 닮은 점이 많다는 사실은 자주 지적됩니다. "사람고기에서 돼지 맛이 난다는 생각은 확인할 수도 부인할 수도 없지만 널리 퍼져 있다." 작가 톰 닐론은《음식과 전쟁》에서 지적합니다. '돼지가 맛있는 이유는 사람고기와 맛이 비슷하기 때문'이라는 말을 저도 들어봤습니다. 확인할 길이 없고, 확인하고 싶지도 않지만요.

신화학자 제임스 조지 프레이저는 "돼지가 원래는 신성한 동물이었기 때문에 돼지고기를 먹지 않게 된 것"이라고 주장합니다. 마빈 해리스는 이 이론을 반박하면서 돼지를 숭배하는 동시에 그 고기도 맛있게 먹는 뉴기니 사람들을 소개해요. 아무튼 돼지를 거룩하게 여기는 문화도 있다는 얘기죠. 옛날 중국이 그랬대요. '집 가(家)'라는 한자는 집 안에 돼지가 들어 있는 모습입니다. 요즘과는 달리 옛날의 '가'는 제법 규모 있는 경제 단위였습니다. 돼지를 잡아 집에 있는 사당에서 신께 제사를 지내는 일, 여기서 '가'라는 한자가 나왔다고 하네요.

제사에 쓸 돼지인 '신저(神猪)'를 정성껏 기르는 풍습이 타이완에 남아 있습니다. 그러나 정성이 지나쳐 보여요. 120킬로그램짜리 돼지를 800킬로그램까지 찌운다니 말이죠. 얼마나 살을 찌웠나 대회를 열어 상도 준다고 합니다. 동물 학대 논란이 일어나는 것은 그 때문이에요. 돼지로서도 강제로 살을 불리는 일은 힘들겠지요. 더럽다는 말 대신 신성하다는 말을 들어도 돼지에게 좋은 일은 아닌가 봐요.

한편 고기를 좋아하는 저도 돼지고기 먹기가 꺼림칙할 때가 있습니다. 공장식 축산 이야기를 접할 때나 돼지 수만 마리의 '살처분' 기사를 읽을 때 그렇습니다. 무슬림 친구를 골탕 먹이려고 일부러 돼지고기 식당에 데려간다는 사람들도 불편합니다. 사람으로 살면서 동물에게도 사람에게도 미안한 세상이라니, 어쩌면 돼지가 아니라 인간이 문제인지도 모르겠네요.

금요일 때문에 생선이 된 기독교의 비버

친구가 외국에 나갔다가 한국을 잘 아는 무슬림을 만났다고 합니다. 경기도에서 몇 년 살던 사람이었대요. 반갑게 이야기를 나누고 헤어지는데 친구한테 그러더랍니다. "다음에 만나면 삼겹살에 소주나 한잔 하죠." 무슬림이 돼지고기와 술을 먹자고 제안하다니, 농담일까요 진담일까요? 농담이라도 무슬림 아닌 쪽이 먼저 꺼낼 농담은 아닙니다.

고기는 욕망! 인간은 고기를 좋아합니다. 그래서일까요, 대부분의 종교는 육식 문제를 규제하지요. 아시다시피 돼지고기를 금지하는 종교가 많습니다. 앞서 말했듯이 유대교인은 치즈버거를 먹지 못한대요. 고기와 유제품을 함께 먹지 말라고 율법이 정해두었으니까요. 이렇게 '금지된 고기'에 대한 글은 이미 많으니, '허용된 고기'에 대해 써볼까 합니다.

기독교에도 육식에 대한 금기가 있어요. 가톨릭의 금육재가 대표적이죠. 사순절(예수가 수난을 당했다는 40일)과 매주 금요일(예수가 십자가에 못 박혔다는 요일)에는 고기를 먹지 말라는 권고예요. 그래도 다른 종교에 비해 관대한 편이라 하겠습니다. 물고기를 먹는 일은 허용하거든요. 그러나 사람의 욕심은 끝이 없는 법. 고기에 대한 '육욕' 또한 마찬가지죠.

그렇다면 물고기란 무엇일까요? 물에 사는 동물이면 물고기로 볼 수 있을까요? 일 년 365일 내내 고기가 먹고 싶은 기독교인들은 물고기의 정의가 모호하다는 점을 파고들었습니다. 프랑스 북부에서는 옛날부터 물새 퍼핀을 물고기처럼 먹었대요. 2010년, 미국 뉴올리언스 대주교는 악어를 물고기로 해석했고요. 니카라과에서는 파충류 이구아나가 사순절 음식이라고 하네요.

기독교에서는 비버도 물고기래요. 교회의 공식 입장이 나온 때가 17세기입니다. 사순절에 비버를 먹어도 되느냐고, 캐나다의 주교가 프랑스의 신학자들에게 물었고 그래도 된다는 답을 얻었습니다. 훗날 캐나다 학자들은 "이 때문에 비버 수가 크게 줄었다"고 개탄했대요. 그런데 영국 사람들은 신학자들의 유권해석이 나오기 전에도 비버를 물고기로 여겼나 봅니다. 영국의 토종 비버가 멸종된 것이 16세기의 일이라니까요.

미국 육가공 업체의 소개에 따르면 비버고기는 맛이 진한 붉은 살코기라고 합니다. 스물네 시간 이상 고기를 재웠다가(나름 '민물고기'라 그런지 잡내가 있나 봅니다) 향신료를 곁들여 오지그릇에 끓여낸다고 해요. 물론 바비큐로 구워 먹기도 하고요.

비버 수가 줄어든 이유는 잡아먹혀서가 아니라 '비버 산업' 때문이라는 이야기도 있습니다. 털가죽은 모피 시장에, 해리향(카스토레움)은 유럽의 향료 시장에 팔렸거든요. 북아메리카에서 비버 사냥으로 돈을 버는 사람이 많았다는 점도, 캐나다의 주교가 비버에 대한 유권해석을 파리의 신학대학에 부탁한 사실과 무관하지 않을 거예요. 종교가 속세의 산업과 타협한 사례 가운데 하나일지도 모르겠네요.

오늘날 종교의 영향력은 예전 같지 않죠. 대신 개인의 신념에 따라 육식 문제를 고민하는 사람들이 늘었습니다. 육식 자체를 거부하지는 않더라도 살아 있는 동물을, 살코기와 달걀을 찍어내는 기계 취급을 하는 공장식 축산이 불편한 사람도 있고, 고기소를 대량으로 사육할 때 일어나는 환경 파괴가 걱정인 사람도 있습니다. 반면 시장 논리에 따르면 싼값에 많은 살코기를 '생산'해야 이익이고요. 이제 육식 문제를 둘러싸고 산업과 윤리가 새롭게 맞서기 시작합니다.

무슬림 이웃에게 "라마단 무바라크"

강연을 마치고 이런 질문을 받은 적이 있어요. "요즘 이민도 받고 난민도 받는 것이 미국 같은 좋은 우방을 버리고 이슬람 쪽과 친해지려는 움직임 아닙니까. 대통령도 감옥에 보내고 말이에요." 난처하더군요. 질문의 요지를 파악하기 어려웠거든요. 심지어 그날 강연 주제는 '미술작품으로 보는 오늘날의 인권 문제'였는데 말이죠.

말씀이 길어지려던 참에 강연을 주최하신 분이 마이크를 잡으셨어요. '아, 이제 살았다!' 저는 속으로 만세를 불렀지요. 그런데 마른하늘에 날벼락 같은 말씀이 이어졌습니다. "자, 강연자와 질문자 두 분만 남겨놓고 다음 행사장으로 이동합시다. 두 분은 강당에 남아 충분히 말씀을 나누시고요." 아이고, 저도 데려가주셔야죠.

나중에야 생각이 났어요. 질문자분께 2018년 5월 16일, 미국 CNN이 인터넷에 올린 기사를 소개해드릴걸 싶더군요. 기사의 제목은 '라마단 에티켓'이었어요. 라마단은 이슬람의 종교적인 달로, 한 달 내내 낮에 금식하는 것으로 유명하죠. 라마단 기간에 무슬림이 아닌 사람들에게는 이런 에티켓을 권합니다. 제목은 거창하지만 내용은 지극히 상식적입니다. ❶무슬림 동료들이 보는 앞에서 밥을 먹어도 된다. 다만 ❷점심시간 무렵 식당에서 회의를 잡으면 곤란하다. ❸같이 굶어줄 필요는 전혀 없지만 뭐라도 같이하고 싶다면 ❹해가 떨어진 후에는 만찬을 벌이니 이때 같이 먹읍시다.

❺라마단 기간은 음력으로 계산합니다. 따라서 양력 날짜로는 해마다 달라지니 무슬림이 아니면 알아둘 필요는 없습니다. 다만 ❻직장에서는 이런저런 일정을(특히 식사) 융통성 있게 잡아주면 고맙겠습니다. ❼커피를 마시러 같이 가자고 해도 실례가 아닙니다. 다만 ❽함께 커피를 마시지는 못하니 양해해주시기를. ❾그래도 무언가 챙겨주고 싶다면 (성탄절에 "메리 크리스마스"라고 인사하듯) "라마단 무바라크"라고 인사해주면 감사하겠습니다.

❿하지만 이렇게 말하면 실례입니다. "나도 금식할 거야! 안 그래도 살 빼려던 참이거든." 라마단은 다이어트가 아니니까요. "그리고 해 진 후에 많이 먹기 때문에 사실은 체중이 는다." 기사 말미의 재치 있는 지적이 인상적이었습니다.

라마단 기간의 만찬을 '이프타르'라고 부릅니다. 이때 가난한 사람들을 불러다 푸짐하게 상을 차려주기도 한대요. 케밥이니 사모사니 다양하고 맛난 요리들을 '야식'으로 즐기죠. "금식 때문에 라마단을 엄숙하다고만 생각하기 쉬운데, 오히려 흥성흥성한 분위기 속에서 자선을 베푸는 크리스마스와 비슷한 느낌"이라고 하네요. 카타르에서 활동 중인 이원선 박사님의 증언입니다.

라마단은 세계 인구의 4분의 1에 달하는 18억 명이 참여하는 문화적 풍습입니다. 그래서 무슬림이 아니어도 이프타르를 챙기는 경우가 많아요. 미국은 백악관에서도 종종 이프타르 만찬을 연다고 합니다. 1805년에 제퍼슨 대통령이 튀니지 대사를 만나면서 저녁 식사를 미룬 일을 최초의 이프타르로 친다나요.

아무튼 그날 저는 이렇게 대답했습니다. "미국 말씀 잘 꺼내셨습니다. 제가 드리려던 말씀이 한국 사회도 이제 글로벌 기준에 맞추자는 것이었거든요, 예를 들어 미국처럼요." 그랬더니 질문하신 분의 표정이 굳더니 항의를 하시더군요. "아니, 왜 우리가 난민하고 이민을 받는 문제에서 미국을 따라 해야 해요? 우리는 한국 사람인데!" 글쎄요, 그러게요, 미국 이야기는 제가 꺼낸 것도 아닌데 말입니다.

스님은 왜
고기를 드시지 않나요

홍콩 배우 주성치의 영화 〈식신〉! 엄청난 과장 덕분에 보는 내내 정신없이 웃게 되는 영화죠. 영화 마지막에 등장하는 메뉴가 바로 불도장입니다.

불도장은 고깃국물 요리의 '끝판왕'입니다. 불(佛·스님이), 도(跳·뛰어넘는다), 장(牆·담을). '이 요리의 냄새를 맡으면 수행 중이던 스님도 식욕이 동해 담을 뛰어넘을 것'이라는 농담이 요리의 이름에 담겼습니다. 재료도 고급, 향기도 고급. 그런 만큼 값도 최고라서 가격표를 보면 식당 담장을 뛰어넘어 달아나고 싶을 정도입니다.

청나라 때에 탄생했다니, 역사가 그리 오래된 요리는 아닙니다. 한국에는 1980년대에 소개됐다고 하죠. 그런데 이름을 설명한 광고가 나가고 나서 "불교와 불자를 놀림거리로 삼느냐"며 조계종에서 항의를 했다고 합니다. "그때는 정말 겁이 났죠. 정식으로 사과하고 《불교신문》에도 공식 사과광고를 냈어요." 한 언론 매체에 실린, 한국에 불도장을 들여온 전 신라호텔 중식당 요리사 후덕죽의 회고입니다.

한국과 중국의 스님은 고기를 먹지 않기 때문에 이런 일화가 생긴 것이죠. 그런데 옛날에는 스님도 고기를 먹을 수 있었다는 사실, 아셨나요?

데바닷타는 석가모니를 배신한 제자입니다. 기독교로 치면 유다 같은 사람이랄까요. 지나치게 엄격한 수행을 고집하다가 스승과 척을 졌죠. 스승과 갈라선 이유 하나가 고기를 먹는 문제였다고 합니다. 데바닷타는 엄격하게 육식을 금지하려고 했지만 석가모니는 제한적으로 육식을 허용했다고 합니다. 삼부정육(三不淨肉), 즉 세 가지 부정한 고기만 금지했어요. 스님에게 주려고 고기를 도살하는 것을 목격했을 경우, 스님에게 주려고 고기를 도살했다는 말을 들었을 경우, 스님에게 주려고 고기를 죽이지 않았나 의심되는 경우에만 고기를 금지한 것이죠. 요컨대 수행자더러 먹으라고 일부러 죽인 고기가 아니면 먹어도 된다는 것이었죠.

'탁발'이라는 단어를 들으면 왠지 스님이 머리를 깎거나 목탁을 치는 일부터 생각하게 됩니다. 본뜻은 "세속의 신도들이 주는 대로 먹으며 스님이 수행하는 일"을 뜻합니다. 원래 불교는 스님들이 탁발을 했어요. 그래서 재가 신도들이 주는 대로 먹지 않고 "고기는 빼고 다시 달라"고 하기도 난처했을 겁니다. "탁발한다더니 반찬을 가리느냐"고 항의받을지도 모르니까요. 지금도 태국이며 라오스며 티베트 등 스님들이 탁발을 하는 여러 나라의 불교는 육식을 허용한다고 합니다. 스님의 육식을 금지하는 것은 한·중·일(및 타이완)의 관습일 뿐이죠. 육식을 허용해도 되는 것이 아니냐는 논쟁은 아직도 진행 중입니다. 만해 한용운은 허용하자는 의견을 폈었고요. 2017년 8월에도 대한불교조계종 백년대계 본부는 '육식을 허용할지 말지'의 문제를 놓고 토론을 벌였다고 합니다.

그렇다고 스님이 불도장을 자연스럽게 드실 날이 금세 올 것 같진 않습니다. 불도장은 여전히 극히 사치스러운 음식이거든요. 가격이 왜 그리 무시무시할까요? 첫째, 재료가 최고급입니다. 반나절 이상 우린 고기 육수에, 해삼이며 자연 송이며 전복은 기본이고 사슴 힘줄과 잉어 부레와 오계가 들어갑니다. 한창 욕을 먹는 상어 지느러미도요.

둘째, 요리 시간이 길어요. 최고급 요리사의 한나절 품을 쳐줘야 하니 비쌀 수밖에요. 육수를 고아내는 시간에, 재료를 손질해서 삶는 시간에, 모든 재료를 함께 섞어 찌는 시간까지. 그래서 불도장은 먹기 전날 예약하는 경우가 대부분입니다. 돈이 있다고 바로바로 사 먹는 음식이 아니랍니다.

그래서 영화 〈식신〉의 불도장 장면은 알고 보면 더 재미있습니다. 요리대회에 나간 주인공은 악당의 함정에 빠져 준비한 식재료를 잃고 궁지에 몰립니다. 대회 종료를 몇 분 앞둔 상황에서 꺼내든 마지막 카드가 무려 불도장. "원래 한나절 걸리는 요리지만, 주인공의 초인적 실력으로 몇 분 만에 완성"했다는 유머, 얼마나 재밌습니까. 다만 개그란 설명이 길수록 어색해지는 것이라서. 이렇게 설명해놓고 나니, 주성치 감독에게 폐를 끼친 것이 아닌지 팬으로서 마음에 걸리네요.

메디치 가문과
비스테카 알라 피오렌티나

'스테이크'라는 말을 들으면 무슨 생각이 드시나요? 대표적인 맛집 리뷰 사이트 '식신'에 올라온 관련 리뷰 5,700여 건을 코딩하여 분석해봤어요. 우리가 스테이크를 평가하는 제일 중요한 기준은 '맛', 그다음은 '가격'입니다. 곁들여 먹는 음식은 '파스타'와 '샐러드'고요. 가장 자주 언급되는 스테이크는 안심도 등심도 아닌 '함박스테이크'입니다.

소고기 스테이크를 좋아하는 사람 가운데 티본스테이크를 즐기는 분이 많아요. 비싸서 문제죠. 티(T)자 모양의 뼈에서 이쪽은 안심, 저쪽은 등심입니다. 스테이크 한 장에서 두 가지 맛이 나는 거죠. 둘은 익는 속도도 다르다고 합니다. '티본'의 양쪽을 두루 익혀내는 것이 셰프의 역량이라고 하네요.

비스테카 알라 피오렌티나. 이탈리아의 토스카나 지방에서 티본스테이크를 부르는 이름이랍니다. 쩨쩨하게(?) 1인분, 2

인분으로 팔지 않고, 킬로그램 단위로 주문을 받지요. 기본이 1킬로그램입니다. 겉은 빵껍데기처럼 버석버석하고 거뭇거뭇 탄 곳도 보이는데, 속은 빨갛게 육즙이 고여 있어요. 피렌체에 머물 때 '마리오'라는 가게에서 먹곤 했지요.

'알라 피오렌티나'는 '피렌체 스타일'이란 뜻입니다. 그러면 '비스테카'는 어디서 온 말일까요. 영어 '비프스테이크'에서 왔다는 것이 정설입니다. 오늘날 영국 요리는 맛없는 것으로 유명(!)하지만, 옛날 잉글랜드 부자들은 소고기를 즐겨 먹는다고 유럽에 소문이 자자했어요. 잉글랜드는 중세부터 부자 동네였대요.

돈이 많기로는 이탈리아 르네상스 시대 피렌체의 유력자 로렌초 데 메디치(1449~1492)도 빠지지 않지요. 그가 카니발 때마다 피렌체 시민들에게 대접했다는 두툼한 스테이크가 비스테카 알라 피오렌티나의 기원이라고들 해요.

도시국가 피렌체는 명목상 민주공화국이었습니다. 민주공화국답게 기회가 공평해야 한다며 정치지도자를 제비뽑기로 추첨했는데, 어찌 된 일인지 번번이 로렌초 데 메디치의 친구가 당첨되었습니다. 우연까지 메디치의 편이었을까요? 설마요. 물론 추첨을 조작했겠죠.

그래도 대놓고 반대하는 사람은 드물었어요. 시민들은 메디치 가문이 돈을 대준 덕분에 세계 최고 수준의 조각과 벽화와 건축을 공짜로 즐겼는 걸요. 심지어 맛있는 비스테카도요! 하지만 관점에 따라서는 로렌초 데 메디치가 스테이크를 먹여 동료 시민들을 매수했다고도 볼 수 있겠죠. 로렌초 사후, 피렌체는 메디치 지지자와 반대자 사이의 내전에 시달립니다. 메디치 가문의 빛과 그림자인 셈이죠.

한편 메디치 가문의 당주는 대대로 지병에 시달렸습니다. 바람만 닿아도 아프다는 끔찍한 병인 통풍이었죠. 통풍은 요산을 배출하지 못해 일어나는 고통스러운 병이에요. 고기를 많이 먹고 술을 많이 마시면 더 아프다고 알려져 있습니다. 그런데 문제는 토스카나의 식습관이었어요. 피렌체 사람들은 와인과 고기를 좋아해요. "토스카나의 식탁은 그 대지와 같은 색"이라는 말이 있대요. 이쪽 땅 색깔이 딱 고기 색깔이라네요. 이 지역 사람들이 채소 대신 고기를 많이 먹어 나온 말일 텐데, 통풍을 앓는 사람들에게는 좋지 않은 식습관이었죠.

그래서 메디치 가문 사람들은 더 아팠을 겁니다. 로렌초도 중년 이후로는 가마에 실려 다녔어요. 비스테카를 대접하던 메디치 가문의 당주가 통풍에 시달리다니 얄궂은 일입니다.

육식을 줄이자는 주장에는 몇 가지 근거가 있는데, 그 가운데 하나가 "육식을 줄여야 건강해진다"였어요. 그런 글을 볼 때면 피렌체의 소고기 스테이크와 가마에 실려다니던 메디치 가문 사람들이 생각나곤 합니다.

먹히는 자에 대한 예의

닭의 간만 먹고 만든 〈다비드〉상

냄새 때문에 간을 못 먹는다는 분도 있지만, 냄새 때문에 간이 좋다는 '미식가'들도 있죠. 순대에 딸린 간은 서민의 음식인 반면, 돼지 간으로 만든 '테린'은 고급스러운 느낌이에요. 송아지 간을 스테이크처럼 구워 먹기도 합니다.

간 요리 중에 특히 유명한 것은 '푸아그라'예요. 거위나 오리의 간으로 만들죠. 하지만 우리는 이제 푸아그라를 마음 편하게 먹을 수가 없습니다. 식재료를 만들 때 동물 학대가 일어난다는 사실이 알려졌기 때문이죠. 간을 고소하게 한다며 오리를 가둬놓고 억지로 사료를 먹여 지방간을 만든다나요.

푸아그라를 대신할 특이한 간 요리들이 있어요. 우선 물고기 간은 어떨까요. 첫째, 홍어의 간, 이른바 '홍어애'라 불리는 부분입니다. 삭혀서 탕으로 끓이면 홍어애탕이 되죠. 홍어 특유의 향이 엄청난, 마니아를 위한 음식이에요. 삭히지 않은 신선한 홍어의 간을 익히지 않고 먹기도 합니다. 진한 크림과 비슷한 맛이라고 하네요. 둘째, 아귀의 간은 어떨까요? 아귀는 바다 깊은 곳에 사는 물고기라서 간도 무척 큽니다. 고급스러운 일식집에서는 살짝 익힌 아귀의 간을 작은 조각으로 잘라 폰스 간장과 실파 고명을 곁들여 내놓기도 하지요. 몇 해 전 제주에서 익히지 않은 아귀 간을 커다란 접시에 가득 얹어 먹어본 적이 있습니다.

물고기의 비린 맛을 원하지 않는다면 가금류인 닭의 간은 어떨지요. "꿩 대신 닭"이 아니라 "거위나 오리 대신 닭"이랄까요. 이탈리아 토스카나 지방에는 '크로스티니'라는 요리가 있습니다. 닭의 간을 익힌 다음 갈아서 올리브기름에 버무립니다. 그리고 이것을 빵조각에 얹어서 먹지요.

원래 전채요리는 식전에 식욕을 돋우기 위한 것이었죠. 그런데 옛날에 정말로 이것만 먹었다는 사람이 있습니다. 피렌체의 미술가 미켈란젤로가 청년 시절에 유명한 〈다비드〉상을 만들 때의 일입니다. 오직 작업에만 몰두하며 몇 달 동안 미켈란젤로는 닭의 간만 먹었다고 합니다.

이 일화를 접하니, 문득 세 가지가 생각나네요. 첫째, 둘도 없는 천재, 천하의 미켈란젤로도 작업할 때는 밥을 넘기지 못할 정도로 스트레스를 받았다는 사실입니다. 그 유명한 피렌체의 고기 요리를 먹지 못할 만큼 입맛이 떨어진 것이죠. 둘째, 그런 상황에서도 닭 간은 술술 넘어가는 밥도둑이었다는 사실입니다.

무엇보다도 셋째, 천재의 방귀 냄새는 좀 고약하지 않았을까 하는 것입니다. 르네상스 시대 피렌체 화가 가운데는 종종 괴인이 있었나 봅니다. 한 세대를 앞선 선배 미술가 중에는 다른 건

아무것도 안 먹고 달걀만 수십 알씩 삶아 먹으며 작업했다는 사람도 있으니('폴라이우올로'라고도 하고 '피에로 디 코시모'라고도 합니다), 그 방귀 냄새는 어땠겠어요. 천재 주변에 머무는 평범한 사람은 불행하다지만, 이런 경우는 그 불행의 이유가 좀 남달랐을 것도 같네요.

'회를 싫어하지 않았다'는 공자

회에 고추장을 얹고 찬물을 부어 먹는 물회, 한국의 독특한 음식이죠. 다른 지역 사람들은 어떻게 생각할까 궁금했어요. 물회와 닮은 서양 음식으로 무엇이 있을까요? 몇 해 전 제주에서 독일인 친구와 한치물회를 먹으러 갔어요. "맛이 어떠냐?" 물었더니 이렇게 대답하더군요. "가스파초 같다." 예상하지 못한 답변이었지요.

토마토 국물에 아삭한 오이와 마늘과 식초와 올리브유와 향신료를 넣어 먹는 스페인의 차가운 수프가 바로 가스파초예요. 그러고 보니 색도 맛도 물회와 가스파초는 닮은꼴이네요.

물회도 종류가 여럿입니다. 가자미나 광어처럼 흰살생선이 유명하지만, 한치물회와 고등물회도 있습니다. 제주에서는 손바닥보다 작은 생선인 자리돔을 썰어서 자리물회를 만들어 먹습니다. 양념장도 된장이 들어가고요. 소고기 육회로도 물회를 합니다.

유몽인의 《어우야담(於于野談)》에는 흥미로운 이야기가 나옵니다. 중국 사람과 조선 사람이 회를 놓고 대화를 해요. "조선 사람은 어떻게 회를 먹니? 비위 상해"라고 중국 사람이 '디스'를 해요. "야, 《논어(論語)》에 보면 '회는 잘게 썬 것을 싫어하지 않으셨다(회불염세·膾不厭細)'라고 했어. 공자님도 드시던 거야"라고 조선 사람이 맞받아칩니다. 이 구절을 다르게 새기는 경우도 보았는데, 아무려나 이 조선 사람은 공자의 음식 취향으로 해석한 셈이지요.

공자가 회를 '싫어하지 않았다면' 아마 육회를 먹었을 겁니다. 회(膾)라는 글자를 보죠. 왼쪽의 달 월(月)처럼 생긴 글자는 원래 고기 육(肉)이었습니다. 이 회 자에 구울 자(炙, 이 글자도 고기를 불 위에 얹은 모양입니다)라는 글자를 합치면 '회자'가 됩니다. '인구에 회자되다'라는 말이 여기서 나왔대요. 그런데 날고기든 구운 고기든 사람들이 입에 올리기 좋아하는 것이라서 '회자되다'라는 말을 구설에 오른다는 나쁜 뜻 말고 좋은 뜻으로만 써야 한다는 지적도 있긴 해요. 아무튼 옛날 동아시아 사람들은 생선회도 육회도 두루 즐겼다는 이야기죠.

하지만 《어우야담》이 '회는 우리 민족의 자랑스러운 음식'이라며 '국뽕'스러운 이야기만 했던 것은 아닙니다. '세상에, 조선 무사들이 뱀을 회로 먹는다더라'며 괴로워하는 대목도 나옵니다. 날 뱀을 먹는다니 생각만 해도 배 속이 불편하지요. 기생충은 어쩔 것이며.

책에 나오는 것은 아니지만 '애저회'에 대한 이야기를 들은 적이 있습니다. 동네에서 돼지를 잡을 때 돼지 배 안의 새끼돼지를 따로 꺼내 어르신께 물회로 대접해드렸다고 합니다. 돼지고기 육회의 맛, 호기심이 들지 않는다면 거짓말이겠죠. 하지만 아직 태어나지 않은 돼지를 먹는다니 불편하긴 합니다. 이 경우는 마음이 불편한 것이겠지요.

"근대화를 이루려면 고기를 우걱우걱 먹어야 한다"고 믿던 시절이 있었어요. 지금 와서 보면 당황스럽지만, 한때는 동아시아 사람들이 정말 심각하게 고민하던 주제였대요. 근대성, 즉 모더니티라는 것이 그토록 절실한 문제였다는 이야기죠.

19세기 후반부터 전개된 일본과 조선의 근대화, 20세기 중반의 2차 대전과 한국전쟁, 중국의 공산혁명과 20세기 후반의 냉전이라는 자칫 딱딱할 수 있는 주제를, 고기 요리를 실마리 삼아 풀어보고자 합니다. 20세기 말과 21세기 초, 지금 이 순간 세계적인 화두인 '이민의 시대'라는 주제도요.

근대화는 누구에게나 또 어떤 면으로나 좋은 것은 아닙니다. 오늘날 고민거리인 공장식 축산 역시 근대화의 산물이지요. 근대화의 '빨리빨리' 문화 때문에 사라진 '좋았던 옛날'에 대해서도 함께 생각해보겠습니다.

3장

모더니티와 고기고기

일본의 근대화와 '돈가스의 탄생'

신제주에 '바삭'이라는 돈가스 전문점이 있어요. 두툼한 흑돼지 살에 직접 만든 빵가루를 입혀 정성스럽게 튀겼습니다. 분식집이나 학생식당에서 먹던 '옛날 돈가스'와는 다른 음식 같더군요.

육식의 본고장 유럽에 갔을 때 '돈가스의 원조'라고 이야기되는 슈니첼을 먹어봤습니다. 보통 송아지고기로 만들지만 닭고기로 만든 '헨헨슈니첼'도 유명하죠(발음이 어려워 주문할 때 고생입니다. "아인말 헨헨슈니첼, 비테!"). 그런데 웬걸, 고기는 좋은 고기인데 맛은 외려 한국의 분식집 돈가스와 비슷했어요. 어찌 된 영문일까요?

나중에야 그 이유를 알았습니다. 오카다 데쓰의 책 《돈가스의 탄생》을 읽고서죠. 메이지유신 당시 "(일본) 지도자들의 고민거리는, 근대화의 격심한 차이도 차이지만, 위로 올려다보아야 할 정도에 이르는 서구인과의 체형의 차이"였대요. 그래서 정부와 지식인이 앞장서 육식 캠페인을 벌였습니다. 1872년에는 메이지 임금이 직접 고기를 먹는 행사를 열었고요.

육식에 반대하는 전통주의자들의 반발도 만만치 않았습니다. 흰 천을 몸에 감은 자객들이 '이방인 추방'과 '육식 반대'를 위해 궁전을 습격했다가 사살되기도 했어요. 그러나 소고기를 스키야키로 먹으며 일본 사람들은 육식에 눈을 뜹니다. 1929년, 돈가스의 탄생이 '입맛 근대화'의 정점이었다고 이 책은 주장하네요.

일본식 돈가스의 특징은 무엇일까요. 포크커틀릿이나 슈니첼은 얇은 고기를 얕은 팬에 지지듯 튀깁니다. 반면 일본식 돈가스는 도톰한 돼지고기를 깊은 튀김그릇에 풍덩 담가 덴푸라처럼 튀겨내지요. 그런데 돈가스가 한국으로 넘어오면서 다시 변화가 일어났어요. 분식집 돈가스는 재료를 아끼기 위해 프라이팬에 얇은 고기를 자작자작 튀겨내지요. 유럽의 슈니첼 맛이 나는 것은 이 때문일 겁니다.

그런데 제가 이러한 내용을 신문에 칼럼으로 쓴 다음, 다른 견해를 보내주신 독자님이 있었습니다. 근대화 초기, 서양 문물을 처음 받아들이던 시절에는 일본 사람들도 유럽 본토의 슈니첼처럼 조리했대요. 그리고 일본에서 그때 만든 서양 요리책을 통해 슈니첼의 조리법이 조선에도 들어왔다는 겁니다. 훗날 슈니첼과 닮았지만 다른 요리인 돈가스가 일본에 널리 퍼지는 동안에도, 조선의 서양 요리사들은 본토의 슈니첼 조리법을 고수했을 것이라는 설명이에요. 그럴 수도 있겠다 싶은 내용이라 책에 소개합니다.

아무튼 "육식으로 체격을 키우고 사회를 근대화해야 서양을 이긴다"는 일본의 논리가 눈에 띕니다. 이 주장은 동시대 인도에서도 먹혔습니다. 마하트마 간디는 인도의 전통신앙에 따라 고기를 먹지 않았어요. 그런데 몸이 건장한 간디의 친구가 이렇게 말하더래요. "우리는 고기를 먹지 않아서 약한 민족이 됐다. 영국이 우리를 지배하는 것은 고기를 먹기 때문이다." 친구는 간디에게도 염소고기를 먹으라고 권했습니다. '인도의 근대화를 위해서'라는 명분이었죠(이후 간디에게 어떤 일이 일어났는지는 앞에서 살펴보았어요).

고기는 맛있습니다. 그러나 고기를 먹을 때 우리의 마음은 불편합니다. 그래서 고기를 먹겠다는 쪽도 먹지 말자는 쪽도 이런저런 이유를 댑니다. '조국 근대화를 위한 육식'은 옛날 아시아에서 유행했던 주장이에요.

그때 사람들은 진지했을지 몰라도 오늘날 우리가 보기엔 '아무 말 대잔치' 같습니다. 그래서 육식을 하느냐 마느냐의 결정은, 오늘날에도 여전히 개인의 윤리적 결단에 달려 있습니다. 남의 살을 먹을 때면 생각이 많아지네요.

먹히는 자에 대한 예의

조선의 근대화와 홍종우의 프랑스 요리

프랑스에 대한 한국 지식인의 동경은 1990년대보다 1890년대에 한 술 더 떴을지 몰라요. 구한말의 개화사상가인 김옥균과 친구들이 외투 앞섶에 손을 꽂고 찍은 '나폴레옹 코스프레' 사진은 유명하죠. 고종은 황제가 되겠다면서 프랑스 나폴레옹의 사례를 들어 각국을 설득했고요. 독립문은 파리 개선문과 닮은꼴이죠.

김옥균을 죽인 홍종우도 프랑스 유학생 출신이에요. 처음에 저는 홍종우가 무슨 돈으로 프랑스 유학을 갔나 궁금했어요. 국비도 아니고 자비 유학생이라고 했거든요. 집이 부자였을까요? 아니더군요. 혼자 일본으로 건너가 거기서 고생하며 모은 돈으로 프랑스에 가서 제대로 공부한 대단한 인물이 홍종우입니다.

저는 파리의 국립기메동양박물관에 갔다가 한국 관련 고미술품이 잘 전시돼 있는 것을 보고는 어찌 된 사연인지 궁금했습니다. 알고 보니 홍종우가 유학 시절 이곳에서 근무했다더군요. 홍종우는《춘향전》등 고전소설도 직접 프랑스어로 번역했대요. "홍종우는 프랑스어를 잘 구사했던 것 같아요." 홍종우가 옮긴 소설을 프랑스 도서관에서 찾아 읽은 번역가 이세욱 선생님의 소감입니다. 이런 재주꾼이 공부를 마치고 돌아왔는데 김옥균을 죽이고 훗날 독립협회를 때려부수는 '정치깡패' 일이나 시켰다니 당시 조선의 상황이 참담하기만 합니다.

"홍종우가 김옥균을 꾀어내기 위해 프랑스 요리로 유혹했다던데, 알고 있었어?"

"몰랐지. 무슨 요리를 해줬을까? 그 이야기 흥미로운데."

"그러게. 당시 일본에 들어온 서양 요리들의 자료가 있으니까, 음식 만화를 그리면 재밌겠다. 메뉴 가운데 분명히 고기 요리도 있었겠지." 아내와 주고받은 대화입니다.

갑신정변에 실패하고 일본으로 망명한 김옥균은 대갓집인 안동 김씨 집안의 도련님답게 "이곳 친구들을 사귀어야 다시 기회를 잡을 수 있다"며 술잔치를 벌이곤 했대요. 하지만 간도 쓸개도 빼줄 것 같던 일본의 정객과 논객들은 김옥균을 슬슬 피하고, 서재필과 박영효 같은 '혁명 동지들'은 속도 없다며 그를 비난하고, 한국에 남은 가족은 비참하게 죽어갔습니다. 호탕한 척해도 김옥균의 속은 타들어갔을 겁니다.

일본에 건너간 홍종우는 그런 김옥균에게 한국 소식을 들려주고, 아니, 한국뿐만 아니라 그가 그토록 궁금해하던 프랑스 구석구석의 이야기를 전하고 프랑스 요리도 직접 해주며 살갑게 굴었습니다. 그러고는 함께 프랑스에 가자고도 했지요. 아마 김옥균은 생각했을 거예요. 프랑스 생활이 익숙한 홍종우와 함께라면 근대화된 유럽을 맘껏 둘러보고, 조선 혁명의 영감을 얻게 될지도 모른다고요.

'메이지유신은 음식 유신'이라는 말이 있을 정도로 당시 일본은 국가적인 차원에서 서양 요리의 소개와 육식 보급에 힘썼습니다. 한때 김옥균과 교유하던 일본의 지식인 후쿠자와 유키치는 고기를 먹어야 선진국이 된다며 일본 사람들에게 널리 육식을 권하던 '육식 전도사'였습니다. 홍종우가 일본에서 구한 재료로 요리한 프랑스풍 만찬을 먹으며 김옥균은 힘이 났을까요? 망명 10년 만에 김옥균은 일본을 떠나 중국 상하이로 향합니다. 이홍장과 조선 문제를 의논하고, 상황이 되면 홍종우와 함께 프랑스에 갈 생각을 하고 있었을지도 몰라요. 그런데 상하이에 도착하자마자 홍종우는 본색을 드러냅니다. 탕, 탕, 탕! 1894년 3월 28일, 홍종우는 소매에 숨겼던 권총을 꺼내 김옥균을 쏩니다. 김옥균에게 외유를 권한 것도 일본 밖에서 그를 죽이기 위해서였죠. 그래야 자신도 김옥균의 시신도 조선 정부로 인도될 테니까요.

"그런데 이 이야기 자체가 육식에 관한 은유 같지 않아?"

"무슨 소리야?"

"홍종우가 김옥균을 먹이고 돌본 것은 자기 몸을 위해 김을 죽이려는 의도였잖아. 정성껏 사육해서 잡아먹는 모양새지."

"아니, 별로야. 그건 너무 이상한데."

아내는 손사래를 쳤습니다. 이것이 바로, 제가 《김옥균의 만찬》이라는 역사 요리 만화를, 시작도 하기 전에 중단한 이유입니다.

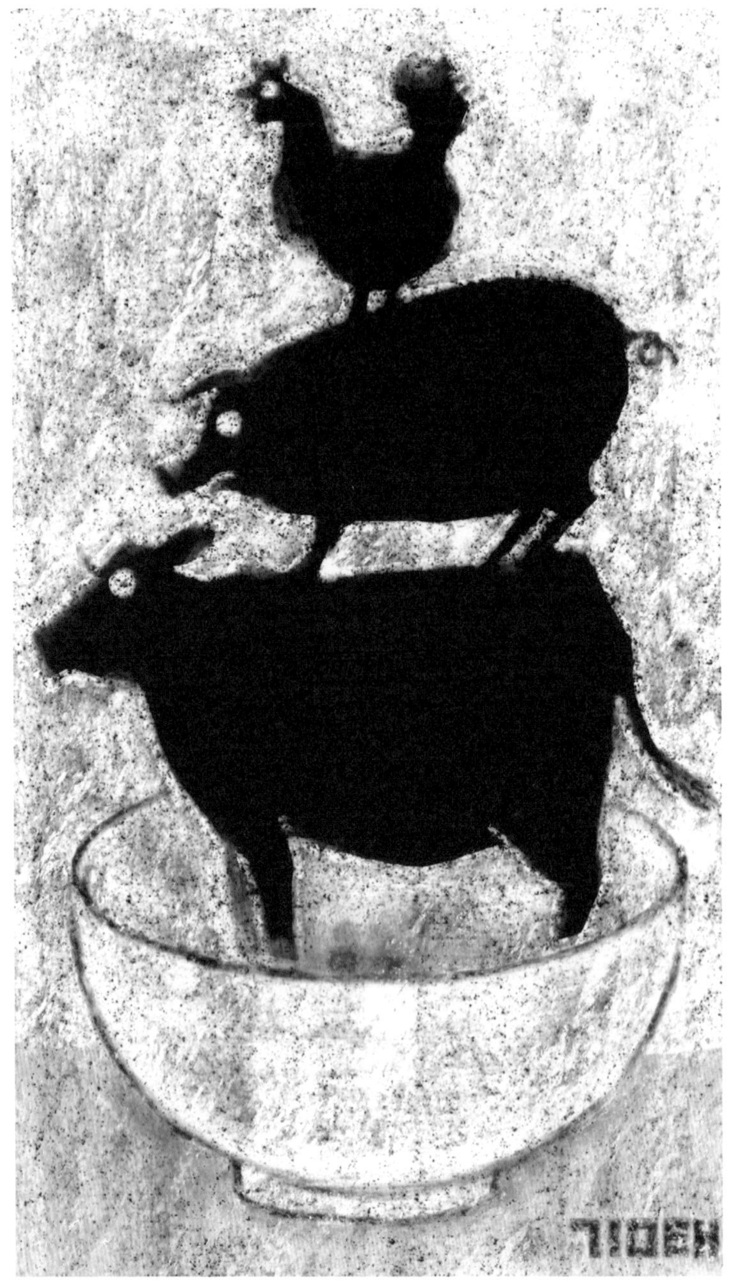

먹히는 자에 대한 예의

근대 화학과 1920년대 평양냉면의 인기

평양냉면의 밍밍한 육수는 소고기 국물이 주재료이고 닭고기 국물이 부재료입니다. 여기에 '비밀 재료'를 넣는다는 이야기가 옛날부터 있었어요. 과연 어떤 비밀 재료일까요.

19세기의 라틴아메리카 이야기부터 해야겠군요. 당시의 라틴아메리카는 소가죽을 벗겨 파느라 소고기가 남아돌던 지역이었습니다.

독일 사람인 유스투스 폰 리비히가 우루과이에 소고기 농축액을 만드는 회사를 세웁니다. 처음에는 소고기의 영양이 그대로 들어 있다고 광고를 했는데, 알고 보니 가공 과정에서 대부분의 영양소가 파괴되더랍니다. 그래서 나중에는 광고를 슬그머니 바꾸었대요. 소고기의 맛이 그대로라고요. 영양이 있건 없건 맛만 있으면 그만이라는 거죠. 사실 이것은 대부분의 육식하는 사람들이 마음에 간직하는 비밀이기도 합니다. 영양 때문에 고기를 먹는다고 주장하지만 사실 대부분은 맛 때문에 먹으니까요. 어쨌든 이 육즙은 대단한 인기를 누렸습니다.

육즙의 비밀은 무엇일까요? 리비히는 당대 최고의 화학자이기도 했습니다. 고기의 감칠맛을 내는 물질에 대해 연구하다가 맥주 효모에도 이 물질이 들어 있다는 사실을 알게 되었습니다. 훗날 이 물질은 글루탐산이라 불리게 되지요. 20세기 초 일본의 화학자 이케다 기쿠나에는 글루탐산나트륨을 농축한 뒤 '아지노모토'라는 이름을 붙여 시장에 내놓았습니다. 글루탐산일나트륨, 일명 MSG의 탄생이었죠. 덕분에 소고기 없이도 소고기 육즙을 만들 수 있게 되었습니다.

일본에서 인기를 누린 아지노모토는 당시 식민지였던 한국의 시장도 노립니다. 마침 당시는 북쪽 지역에서 겨울에만 먹던 평양냉면이 전국의 여름 음식으로 주목을 받던 시절이었습니다. 냉장고가 보급되었거든요. 아지노모토 제조업체는 냉면 육수에 넣으면 감칠맛이 살아난다며 조선의 냉면집에 이 조미료를 공급했습니다. 냉면이 대중화되던 초기부터 아지노모토가 한몫을 단단히 한 셈이지요.

음식문헌 연구자인 고영 선생님은 1925년 냉면집들 사이의 경쟁으로 벌어진 두 가지 일화를 소개합니다. 하나는 냉면집 노동자의 처우 개선을 요구하던 '평양면옥노동조합' 조합원들이 4월에 총파업을 벌인 일이고, 다른 하나는 냉면집 점주들이 모여 "면옥 간의 경쟁을 줄이고 하루 2, 3원을 아끼기 위해" 아지노모토를 쓰지 않기로 합의한 사건이었어요. 경쟁력을 높인다며 사람은 쥐어짜고 재료 원가는 줄이는 행태, 그때도 크게 다르지 않았나 봅니다.

이른바 '면스플레인'. 남북정상회담 때 평양 옥류관 냉면에 식초를 넣어 먹는 모습이 소개되면서 평양냉면 먹는 법에 대해 다시 한번 논란이 있었습니다. 글쎄요, 남이야 어떻게 먹건 무슨 상관입니까. 각자 입맛대로 먹으면 그만이죠. 저는 100퍼센트 메밀순면에 미지근한 육수를 부어 먹는 '순면거냉'을 좋아합니다만.

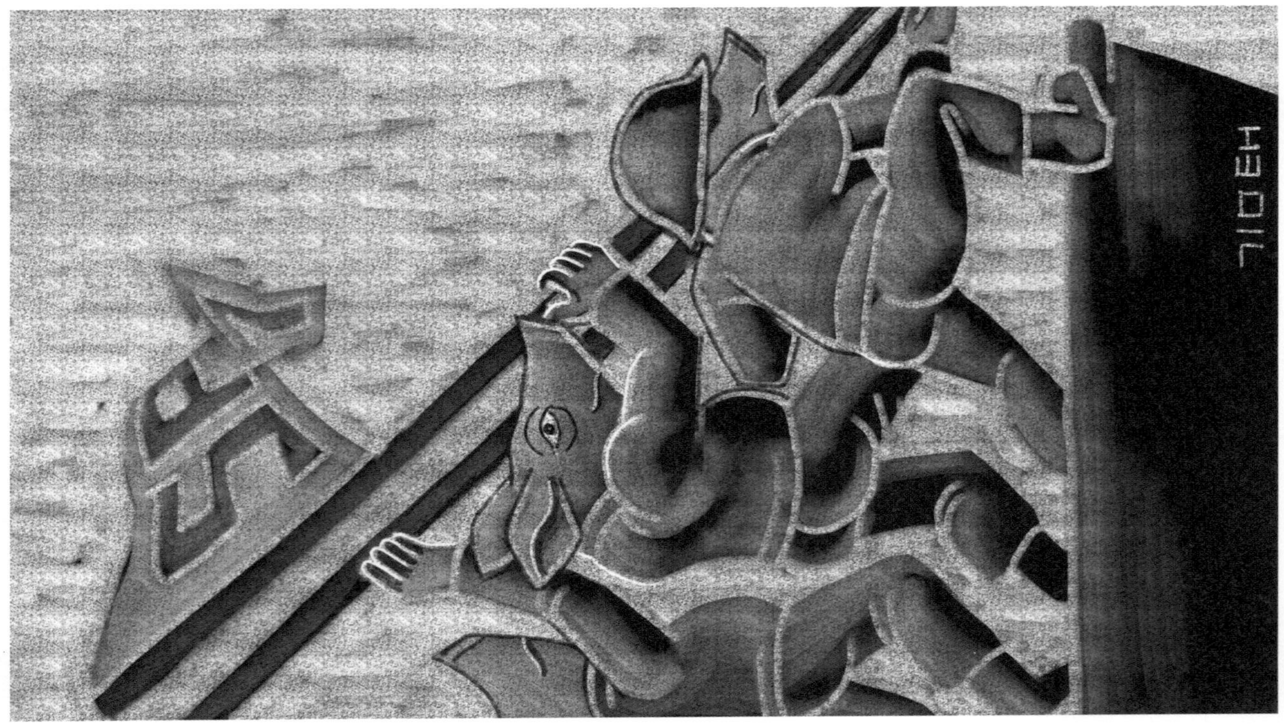

전쟁의 기억,
영국의 스팸과 한국의 부대찌개

부대찌개에 들어가는 다양한 재료 중에 가장 특징적인 것은 무엇일까요? '집단지성'에 물어봅시다. '만개의 레시피'는 요리법을 모아놓은 대표적인 사이트입니다. 부대찌개 끓이는 법만도 200여 가지더군요.

코딩으로 부대찌개의 조리법을 분석했어요. 음식 재료 가운데 국어사전에 올라 있지 않은 말이 많습니다. 인터넷 문서이다 보니 맞춤법에 맞지 않는 경우도 흔하고요. 그래서 컴퓨터를 이용해 세었습니다. 특정 재료를 나타내는 단어가 언급되었나 언급되지 않았나를요. 재료에는 언급되어 있지만 조리법에는 누락된 경우, 또는 '고춧가루'와 '고추가루'처럼 맞춤법이 헛갈린 경우('고춧가루'가 맞습니다)도 집계했지요.

결과는 흥미롭습니다. 210건의 레시피 가운데 김치가 들어간 부대찌개는 174건(83퍼센트)이었습니다. 라면 사리는 123

건(59퍼센트), 당면 사리는 24건(11퍼센트)으로 라면이 당면보다 인기네요. 저는 부대찌개에 들어간 빨간 콩 통조림을 좋아해요. '콩'이나 '빈'이 들어간 레시피를 세어보았습니다. 97건(46퍼센트)이라, 입맛이 비슷한 분이 생각보다 많네요.

그러면 스팸은 어떨까요? 저는 부대찌개에 스팸이 언제나 들어가는 줄로만 알았어요. 하지만 결과는 생각과 달랐습니다. 스팸이 언급된 레시피는 101건(48퍼센트)으로 콩 통조림과 비슷한 수준이었습니다. "결과가 생각과 달라. 부대찌개에 스팸을 넣는 사람이 절반이 안 돼." 저는 적다고 생각했는데, 아내는 많다고 놀라더군요. "정말? 그 비싼 스팸을 저렇게들 넣어 먹는단 말이야?"

부대찌개와 스팸에 대해 여러 생각을 합니다. 20세기 현대사가 깃든 음식이니까요. 부대찌개는 우리에게 전쟁을 떠올리게 하죠. "미군 부대에서 먹다 남은 재료를 가져다 끓인 찌개"라는 설명을 많이 들었어요. 이름부터 '부대'찌개잖아요. 그래서인지 부대찌개를 보면 한국전쟁 이후 가난하던 시절이 생각난다는 어르신이 많더군요.

그런데 영국에서는 스팸이 그와 비슷한 음식이래요. 스팸은 배고프던 2차 대전 시절을 연상시킨다나요. 미국에서 스팸이 발명된 때는 1937년입니다. 그리고 2차 대전 때는 미군 식량으로 사랑받습니다. 미군이 세계 이곳저곳을 누비며 스팸도 널리 퍼졌고요. 영국에서도 각별한 인기를 누립니다. 전쟁 때문에 바닷길이 막히자 영국 사람들은 '피시 앤 칩스'가 먹고 싶을 때 물고기 대신 스팸을 튀겨서 먹었대요. 무척 짰을 것 같네요.

전쟁통에 스팸을 너무 많이 먹은 탓일까요. 영국 사람들은 훗날 스팸이 지겨워졌나 봅니다. 영국의 유명한 코미디 그룹 몬티파이튼(Monty Python)은 1970년에 '모든 메뉴에 스팸이 들어가는 레스토랑'의 이야기를 방송합니다. 손님이 말합니다. "메뉴에 나온 스팸스팸스팸콩스팸 요리를 주세요." 점원이 답하죠. "콩이 떨어졌어요. 그 요리 대신 스팸스팸스팸스팸스팸을 드시죠." 1993년부터 '스팸 메일'이라는 말이 사용된 것도 이 방송 때문이라고 합니다(서양 프로그래머들 사이에서 몬티파이튼이 컬트적인 인기를 누렸거든요. 프로그래밍 언어 '파이썬'도 몬티파이튼에서 온 이름이라나요).

2013년 영국의 BBC는 "한국 사람들은 왜 스팸을 좋아할까"라는 특집 기사를 냅니다. 추석 선물로 스팸을 주고받는 것이 신기했나 봐요. 흥미로운 일이죠. 20세기 중반, 비슷한 무렵에 전쟁을 겪었는데 한국 사람은 여전히 부대찌개와 스팸을 좋아하고 영국 사람은 이제 스팸이 질렸다고 주장합니다.

그런데 말만 저렇게 하지 영국 사람도 여전히 스팸을 좋아하는 것 같아요. 스팸을 자작하게 튀겨서 '스팸 프리터'를 만들어 먹으니까요. 우리네 스팸 전과 닮았습니다.

짜고 기름진 가공육 스팸. 몸에 부담이 되는 건 아닐까 생각도 하지만, 스팸을 즐기는 분들은 별로 상관하지 않더군요. 적당히 몸에 안 좋아야 매력이 있다며 '길티 플레저(guilty pleasure)'를 언급하는 분도 봤고요. "건강을 위해 육식을 줄이자"는 주장이 생각처럼 먹히지 않는 이유입니다.

먹히는 자에 대한 예의

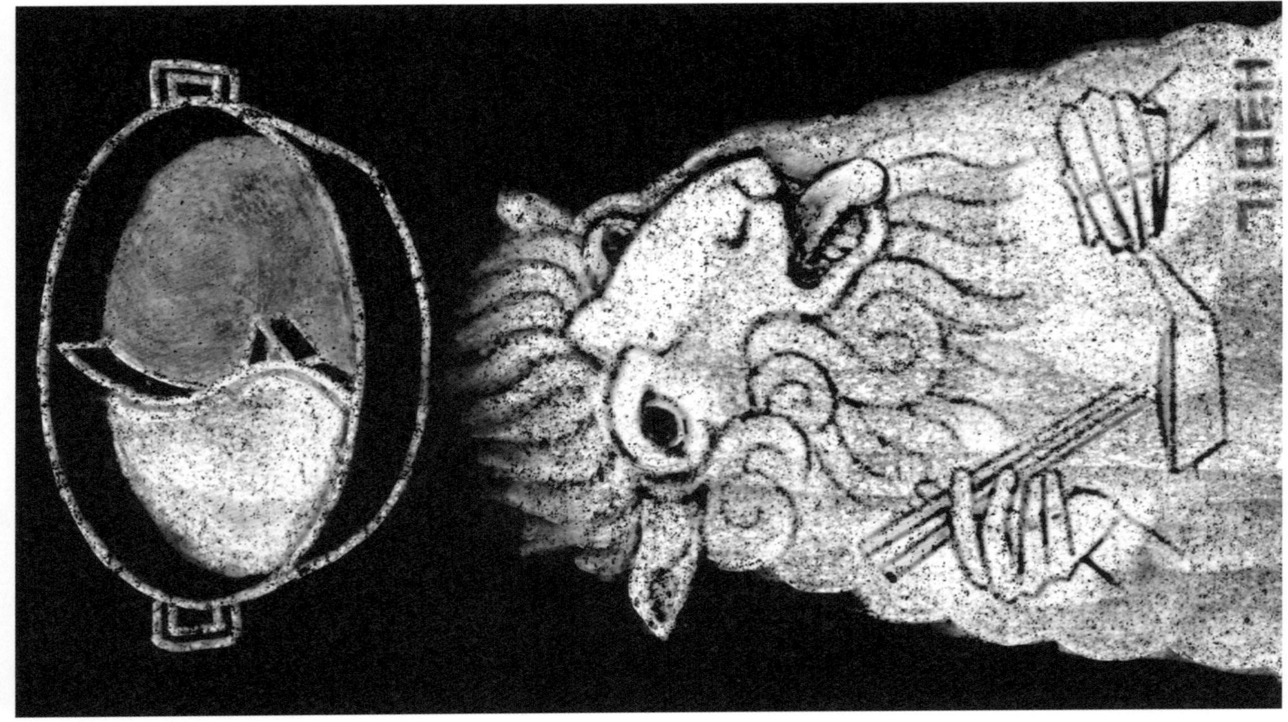

중국의 공산혁명과 두 가지 매운맛

중국 혁명과 냉전 이야기를 하기에 앞서, 매운맛의 과학 두 가지를 소개합니다.

첫째, 엄밀히 말해 매운맛은 '맛'이 아니라고 합니다. 무슨 소리냐고요? 단맛·짠맛·신맛·쓴맛과 감칠맛은 혀로 느끼는 '미각'입니다. 반면 매운맛의 실체는 아픈 감각과 뜨거운 감각으로, 혀 말고 우리 몸의 다른 부분으로도 느낄 수가 있죠. 매운 음식을 먹을 때 입술까지 화끈거리는 이유입니다. 다음날 화장실에서 엉덩이가 따가운 것도 그래서고요. 매운맛에 담긴 쾌락의 비밀은 '고통'이랄까요.

둘째, 매울 때 찬물을 마시면 더 맵다고 합니다. 고추의 매운맛을 내는 캡사이신은 지용성입니다. 물이 아니라 기름에 녹는단 소리죠. 찬물은 매운맛 성분을 헹궈내기는커녕 굳은 기름으로 만들어버립니다. 입안을 매운맛으로 코팅하는 셈이죠. 그러니 매울 때는 우유를 먹는 편이 낫습니다. 우유는 물과도 기름과도 섞이거든요. 매운 떡볶이에 칼피스나 요구르트를 곁들이는 이유죠.

양고기처럼 기름진 고기가 매운맛과 어울리는 이유이기도 합니다. 순간순간 아무리 매워도(혀가 아파도) 양고기의 기름이 바로바로 입을 씻어주니까요. 닭가슴살이나 흰살생선처럼 기름기 없는 고기가 매운 양념과 어울리지 않는 것도 그런 까닭이겠죠.

그럼 매운 양고기를 이것저것 알아볼까요? 먼저 매운 양고기 카레는 어때요? 서울 혜화동 '페르샤궁전'에서 진짜 매운 카레를 골라 먹어볼 수 있습니다. 고기로 양고기를 선택하면 되죠.

매운 양고기 카레를 먹어봤다면 양고기 훠궈도 맛을 봐야겠죠? 일본 사람인 가쓰미 요이치는 지난 20년 동안 중국에서 가장 유행한 음식으로 "맵디매운 충칭훠궈"를 꼽았어요. "중국 방방곡곡이 한 집 건너 훠궈집"이 되었다면서 "각 지방 요리가 치열하게 군웅할거를 펼쳐온 중국 역사에서 이런 일은 처음"이라고 놀랍니다. 최근 한국에도 가게가 늘고 있지요. 충칭훠궈란 간단히 말해 중국식 매운맛 샤브샤브입니다. 맵고 얼얼한 육수에 이런저런 고기를 살짝 데쳐 먹는 요리죠. 그중 양고기가 인기가 많습니다.

다른 이름은 마라훠궈예요. '마라(麻辣)'는 맵고 얼얼하다는 뜻으로 '마'는 초피의 얼얼하고 아린 맛을 의미한대요. 추어탕에 넣어 먹는, 얼얼한 맛의 흑갈색 가루 있죠? 그게 바로 초피 가루예요. '마'는 감각이 마비(麻痺)된다고 할 때의 '마'이기도 합니다. '라'는 고추 맛, 그러니까 화끈하게 톡 쏘는 매운맛을 의미합니다. 말이나 맛이 '신랄(辛辣)하다'고 할 때의 '랄'입니다. 마와 라, 두 가지 맛을 어떻게 배합하느냐에 따라 훠궈의 국물 맛이 달라집니다.

그런데 가쓰미 요이치는 책 《혁명의 맛》에서 신기한 이야기를 들려줍니다. 국물 맛을 결정하는 요소가 중국의 정치 투쟁이라는 거지요. 그에 따르면 마(얼얼한 맛)는 덩샤오핑의 고향인 쓰촨성에서 좋아하는 맛이고, 라(화끈한 맛)는 마오쩌둥의 고향 후난성의 맛이래요. 그래서 덩샤오핑을 계승하는 세력이 강해질 때면 쓰촨 사람들이 힘을 얻으니 국물도 얼얼해지고, 마오쩌둥 쪽이 반격할 때면 국물이 화끈해진다는 말씀. 덩샤오핑 노선을 지지하는 사람들은 경제발전을 표방하고, 마오쩌둥 노선을 지지하는 사람들은 불평등한 분배 문제 해결에 관심이 많다고들 하죠. 겉보기에는 그렇습니다. 속내야 모를 일이지만요. 아무튼 왠지 거짓말 같기도 하지만, 문화혁명 시절부터 50년이나 중국을 드나든 미식가의 주장이니 무시할 수도 없죠. 이 의견이 맞는지 틀리는지 확인하려면 앞으로 훠궈의 국물맛을 지켜봐야겠습니다.

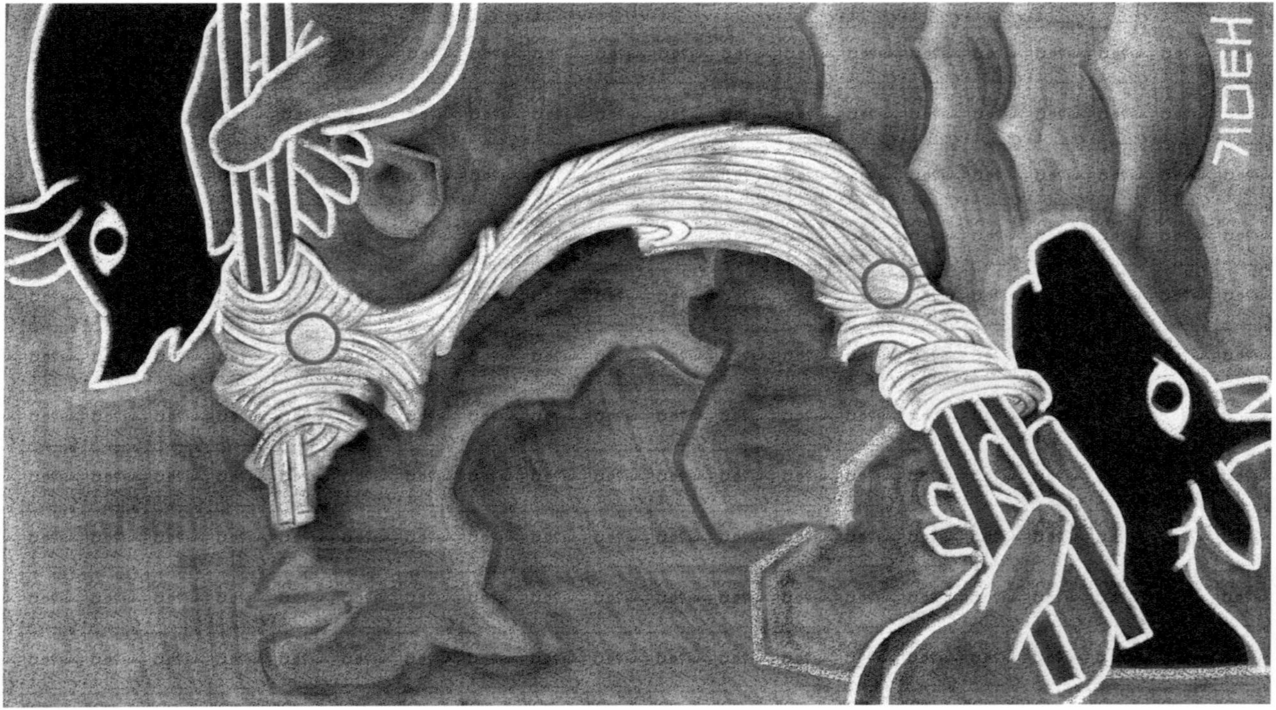

먹히는 자에 대한 예의

쌀국수 포와 분짜에 담긴 20세기 냉전의 역사

돼지고기를 달고 짭짤한 양념에 재웠다가 바짝 구워요. 쌀가루로 바게트를 만들어 세로로 가른 다음, 이 돼지고기를 채워 넣습니다. '반미'라는 베트남의 별미입니다. 서양 맛 같기도 하고 동양 맛 같기도 하죠. '세계적으로 유명한 베트남의 반미!' 집 근처 베트남 국숫집 차림표의 문구입니다. 저는 잠시 웃을까 울까 망설였지요. '반미'라는 말을 보고 공교롭게도 베트남과 미국과 한국의 슬픈 역사를 떠올렸기 때문입니다.

국수 요리 '분짜'에서 비슷한 맛이 납니다. 돼지고기를 기름 맛이 나지 않을 정도로 석쇠에 구워서 싱싱한 채소와 함께 접시에 담습니다. 민트와 고수를 곁들이면 더욱 좋고요. 여기에 쌀국수를 함께 올립니다. 그리고 달고 짭짤한 양념장에 찍거나 비벼 먹는 일종의 비빔국수입니다. 베트남 비빔국수로 소개한 가게도 많더군요.

같은 베트남 쌀국수지만 분짜와 '포'는 고기부터 다릅니다. 베트남의 분짜 골목에 들어서면 가게마다 석쇠에 돼지고기를 구워대는 통에 사방이 연기로 자욱하다고 하네요(가보지는 못했습니다). 반면 포는 얇게 저민 소고기를 뜨거운 육수에 담가 먹는 샤브샤브 같은 국수죠. 뜨거운 국물을 마시면 더부룩하던 속도 시원하게 풀립니다.

그런데 우리에게 익숙한 쪽은 포입니다. 제 기억으로는 20년 전부터 미국계 체인을 통해 한국에도 널리 퍼졌습니다. 파리의 베트남 쌀국수 골목에서도 포가 대표 메뉴라고 합니다. 분짜는 아직 낯선 음식이고요. 저는 베를린에서 분짜에 맛을 들였습니다. '왜 서울에서는 못 먹어봤을까' 의아해하면서요.

궁금증을 풀어줄 실마리를 어느 시사 잡지에서 얻었습니다. 필명이 '환타'인 전명윤 여행작가님의 글이었어요. 1990년대 홍콩의 베트남 식당가에서 분짜를 찾았는데 당시에는 먹지를 못했대요. 왜일까요. 식당 주인의 설명인즉, "분짜는 북베트남 하노이의 음식인데, 홍콩에 사는 사람들은 남베트남의 유민들이기 때문"이라는 거죠. 글 제목부터가 〈베트남 음식에서 난민을 읽다〉였습니다.

이 글을 읽고 의문이 풀렸습니다. 서울에 없던 분짜가 머나먼 베를린에 있던 이유는 냉전 때문이었어요. 사회주의 정권이 들어선 이후 베트남의 학생들은 서방으로 유학할 길이 막혔습니다. 그때 베트남의 똘똘한 젊은이를 받아주던 곳이 동베를린이었습니다. 하지만 동독이 무너지면서 '천지개벽'을 경험한 적잖은 베트남 유학생이 베를린에 눌러앉았다고 하네요.

덕분에 북베트남 음식인 분짜가 베를린에서 인기를 누리게 되었을 테지요. 동서냉전 때문에 동쪽 진영은 북베트남, 서쪽 진영은 남베트남의 음식부터 먹었던 셈이랄까요. 프랑스와 미국을 통해 포부터 한국에 들어온 것도 그래서였죠.

때로는 분짜처럼 차갑게, 때로는 포처럼 뜨겁게 20세기 후반을 쥐락펴락하던 냉전도 예전에 끝났습니다(한반도만 빼고요). 그리고 새로운 역사가 시작되었지요. 나중 사람들은 21세기를 이주의 시대로 기억하지 않을까요. 환타 작가의 글에 따르면 "한국에서 분짜 식당을 연 사람들은… 경제 개방 이후 대거 외국인 노동자로 밀려들어온 북베트남 사람들"이라고 합니다. 결혼 이민으로 한국에 들어온 베트남 사람도 많고요. 포도 분짜도 한국 사람 입에 잘 맞습니다. 입맛이 없을 때면 베트남 국수를 먹으며 냉전 이후 우리가 사는 시대에 대해 생각해봅니다.

케밥과 캅살롱 그리고 이민의 시대

"캅살롱은 먹어보았습니까?" 네덜란드에서 사회주택을 공부하던 최경호 박사가 제게 물었습니다.

"캅살롱이 뭔가요?"

"네덜란드에서 먹는 케밥의 일종이지요."

"케밥을 권하시다니 의외군요. 다른 지역하고 많이 다른가요?"

최 박사가 눈을 빛내며 말했습니다. "독일 베를린에 유학하던 친구가 네덜란드를 방문했을 때 제가 물었죠. '캅살롱은 먹어보았나?' '캅살롱이 뭔데?' '케밥의 일종이지.' '어이없네, 베를린에서 온 사람한테 케밥을 권하는 거냐?' '네덜란드 것은 또 달라.' '설마.' 결국 그 친구가 캅살롱을 먹어보더니 이러더군요. '이럴 수가, 고맙다. 나의 케밥 인생에 새로 한 장을 쓰게 되었다'라고요."

저는 놀랐습니다. "베를린 유학생이 그럴 정도라니, 먹어봐야겠군요!"

왜 케밥은 베를린이 기준일까요? 터키 사람이 많이 사니까요. 이를 보여주는 두 가지 사례를 들어볼까요? 먼저, 이슬람에 대한 우리 사회의 편견을 바로잡기 위해 노력하시는 이희수 선생님이 독일에 가신 적이 있습니다. 그런데 독일어 대신 터키어를 쓰고도 따뜻한 환대를 받았을 뿐만 아니라 길 안내를 받아가며 여행하는 모습이 한국 텔레비전에 방송되었습니다. 두 번째로 독일어권에 있던 제 친구가 터키 친구에게 "너희 수도가 어디냐"라고 물었더니 농담으로 "베를린. 엄청 많이 살잖아"라고 답했다더군요.

그러다 보니 베를린에는 케밥 가게가 많습니다. 그만큼 독일 사람 입맛에 맞춰져 있고요. '되네르 케밥'을 주문하면 햄버거처럼 두툼한 빵 사이에 끼워 나오는 것이 보통입니다. 양이 푸짐하고 맛도 진한 터키식 샌드위치랄까요. 접시 요리로 먹으려면 따로 '텔러 케밥'을 주문해야 합니다. 독일 다른 지역은 물론이고, 독일어권 스위스와 네덜란드에서도 케밥을 많이 먹어요.

한편 프랑스에서는 그리스 음식점에서 파는 '기로스'를 많이 먹습니다(터키의 케밥이 그리스에 전해져 기로스가 되었다는 설명을 봤는데 그리스 사람들도 동의할지는 모르겠습니다. 두 나라 사람들이 앙숙이라서요). 파리 소르본 거리 쪽에 기로스 골목으로 유명한 곳이 있습니다. 그곳에 종종 가다가 한번은 우연히 한국어를 아는 직원분을 만났습니다. "어디서 왔냐"고 프랑스어로 묻더니 불쑥 한국말로 "고기 사랑해요, 고기 많이많이!"라거나 "고추 사랑해요, 고추 많이!”(후추와 헷갈리신 듯합니다)라고 외치며 그릇이 넘칠 듯이 고기를 담아주셨어요.

파리에서 이민자들이 사는 곳은 불안하고 위험하지만 베를린의 터키인 구역은 쾌적하고 안전한 편입니다. 프랑스와 독일의 역사 차이 등 여러 이유가 있겠지만 저는 수많은 케밥 가게와도 관계가 있을 거라고 조심스럽게 추측해봅니다. 자기 점포가 있는 베를린의 자영업 사장님은 실업과 차별에 시달리는 파리의 이민자보다 사회에 대한 분노가 덜할 테니까요. 한국 사회도 앞으로 눈여겨봐야 할 부분 같아요.

캅살롱 이야기로 돌아가겠습니다. 저는 네덜란드의 아담한 도시 델프트에서 케밥 가게에 들어가 캅살롱을 주문했습니다. “네가 캅살롱을 어떻게 아느냐”는 듯이 터키계 청년이 저를 흘겨보며 한 그릇을 만들어줬지요. 은박 도시락에 케밥 고기를 층층이 담고 치즈와 네덜란드의 진한 마요네즈를 켜켜이 깔더니, 오븐에 데워주더군요. 한 그릇 먹고 나면 북해의 차가운 바람을 맞아도 끄떡없을 것 같은 뜨끈하고 든든한 음식이었습니다.

먹히는 자에 대한 예의

모더니티와 바비큐의 정치학

"바비큐는 빠르게 돌아가는 세상의 …느린 조리법. (현대인의 지친 삶에) 가장 필요한 것은 무엇보다 제대로 만든 풀드포크(pulled pork) 샌드위치라고 외치고 싶다." 이 구절을 읽고 책을 덮었습니다. 풀드포크, 풀드포크라. "혹시 풀드포크라는 요리를 어디서 먹는지 알아요?" 아내에게 문자로 물었습니다. 바로 답이 왔어요. "그거 서브웨이 메뉴ㅋ." 바로 집 앞에 있는 샌드위치 가게더군요. "헐."

톰 닐론의 《음식과 전쟁》을 읽다가 생긴 일입니다. 음식과 역사 이야기를 줄곧 이죽거리는 어조로 쓴 재치 넘치는 책이죠. 그런데 딱 한 부분, 바비큐에 관한 장에서 지은이는 "기업과 정부가 …바비큐 문화를 파괴하고 있다"며 개탄합니다. 왜 이리 슬퍼할까요?

이 책을 읽어보니 지금껏 저는 속아 살았더군요! 바비큐라고 하면 우리는 바비큐 그릴을 떠올립니다. 소시지나 스테이크를 직화로 구워내는 호쾌한 요리법 말이에요. 그러나 이것은 그릴이지 바비큐가 아니라고 지은이는 말합니다(까다롭기도 하지!). 엄밀한 의미에서 바비큐란 불 가까이에 고기를 두고 몇 시간 동안 태우지 않고 천천히 익히는 거래요.

그렇다면 바비큐에 필요한 것은? 비싼 고기나 장비가 아닙니다. 무엇보다 ❶시간이 충분히 있어야 해요. 구덩이를 파고 불을 피울 ❷노는 땅, 공터도요. 그리고 고기가 익어가는 한나절 동안 ❸함께 불 가에 앉아 노닥거리며 기다릴 이웃도 있어야 해요. 그런데 셋 다 공교롭게도 요즘처럼 정신없이 돌아가는 시대에는 사라져가는 것들입니다.

"바비큐의 상업화." 우리 시대는 바비큐의 참된 의미를 잊었고 그 진짜 맛도 잃었다며, 톰 닐론은 속상해합니다. 이제 바비큐를 "(바삐 돌아가는) 자본주의 세계에 대한 반란 비슷한 게 아니라 (바비큐 맛 과자처럼) 단순한 맛으로 인식한다"는 거죠. '문명비판' 부분은 잘 모르겠지만 맛을 잃었다는 지적에는 공감합니다. 과자에도 패스트푸드에도 달고 시고 짠 바비큐 양념을 남발하는 것이 저는 통 마음에 들지 않거든요.

마침 샌드위치 가게 앞을 지나던 아내가 풀드포크 샌드위치를 포장해다 주었습니다. 오래 구워 잘게 찢은 돼지의 어깨 고기. 이름을 몰랐을 뿐, 먹어본 맛이더군요. 장조림과 비슷한 맛이라는 의견도 있습니다. 책에 나오는 것처럼 현대인을 살릴 기적의 맛인지는 모르겠지만요. 하지만 옛날식으로 바비큐를 한다면 그 자체로 특별한 요리일 것 같아요. 공터에 구덩이를 파고 불을 피운 다음 고기가 익을 때까지 좋아하는 사람과 세월아 네월아 노닥거린다면 말이죠.

바비큐를 두고 오버하는 것은 아닐까요? 지은이 역시 "(바비큐에 담긴 정치적 함의를) 인정하느니 차라리 스스로 바비큐가 되겠다는 사람도 있을 것"이라고 너스레를 떱니다.

그런데 우연치고는 묘하구나 싶은 일들이 있어요. 저는 바비큐가 정치적으로 악용된 사례들이 떠올랐습니다. 첫째, 미국에서는 남부의 농장주들이(노예제도를 지지하던 사람들이죠) 18세기부터 바비큐 파티를 정치 행사로 이용했다고 합니다. 둘째, 미국의 백인우월주의자 톰 메츠거는 1983년 로스앤젤레스에서 십자가를 태우는 '쿠클럭스클랜(KKK)'의 행사를 열었어요. 정부의 허가를 받기 위해 바비큐 파티라고 속인 다음 십자가에 불을 붙이고 고기를 얹었다네요. 셋째, 2017년에는 단식하는 팔레스타인 수감자들을 고기 냄새로 괴롭히겠다며 이스라엘 극우 인사들이 감옥 앞에서 바비큐 파티를 벌였습니다.

하지만 바비큐가 무슨 잘못이겠습니까. "죄를 미워하되 사람은 미워하지 말라는 말은 틀렸다. 죄가 무슨 죄냐, 사람이 나쁘지." 영화 〈넘버3〉의 명대사였죠. 고기가 잘못이 아니라 사람이 잘못 아닐까, 요즘 많이 하는 생각입니다.

한때 고기는 부자의 전유물이었으나 지금은 그렇지 않죠. 평등한 세상이 왔다는 뜻은 아니에요. 서민의 상에는 소스와 MSG와 가공육이 오르고, 푸성귀는 부유한 사람들이 먹습니다.

옛날에는 부유한 사람은 통통하고 가난한 사람은 홀쭉 말랐더랬지요. TV에서 '살찌는 약' 광고를 하던 시절도 있었습니다. "살이 좀 쪄야 사람이 가난해 보이지 않는다"나요. 이제는 정반대가 되었어요. 기름진 '정크 푸드'를 먹고 운동할 틈도 없이 바쁘게 일하다 보니 요즘은 비만이 가난한 사람의 질환이 되었습니다. "절제하지 않아 살이 찐다"는 손가락질은 덤이고요. 차별은 더 정교해졌어요.

4장

부자의 식탁, 빈자의 식탁

로마시대의 서민이 먹던 패스트푸드

서기 79년, 폼페이 최후의 날. 시간 여행자인 당신은 이미 알고 있습니다. 곧 베수비오 화산이 폭발하리란 사실을. 화산이 터지기 전에 이곳을 떠야 할 텐데, 출발 전에 급하게 한 끼를 해결하려면 어찌해야 할까요? "아쉽다, 이 시대 사람들과 함께 식사할 기회인데." 아쉬워하는 당신의 눈에 사람들로 붐비는 작은 음식점이 들어옵니다. '로마시대의 패스트푸드 식당'이라 불리는 테르모폴리움(thermopólĭum)입니다.

얼마 전에 영국 〈가디언〉지에 기사가 났어요. 2019년 3월 말에 폼페이에서 거의 완벽한 상태로 보존된 테르모폴리움이 발굴되었다고요. 계산대 옆에는 근사한 프레스코 벽화도 있다고 하네요. 폼페이 전역에 이런 가게가 약 150곳이나 있었다고도 하고요.

어떤 음식을 먹었을까요? 구운 치즈나 소금에 절인 생선을 거친 빵과 먹었을 거래요. 입가심으로 꿀이나 향신료를 넣은 포도주를 곁들이고요. 당신은 가게에서 사람들과 부대끼며 또는 길거리를 거닐며 끼니를 해결할 수 있습니다.

로마 부자들이 좋아하던 음식은 아니에요. 부자들은 이런 음식을 먹었다고 합니다. 새끼를 낳지 않은 어린 암퇘지의 애기보, 무화과를 먹여 부풀린 돼지의 간을 '큰 그물막'에 싸서 석쇠에 구운 요리, 삶은 후에 오븐에 굽고 향신료 소스에 넣어 다시 끓인 돼지구이, 삶아서 석쇠에 굽고 와인과 꿀 소스에 넣어 끓인 다음 돼지 '큰 그물막'에 싸서 한 번 더 구운 송로버섯, 하루 이상 우유에 넣어 뚱뚱하게 만든 다음 기름에 뭉근히 지진 달팽이.

아피키우스가 지었다고 알려진, 로마시대의 요리법을 기록한 책《데 레 코퀴나리아》의 제7권 '미식가를 위한 호화롭고 현란한 요리'에 나오는 음식들입니다. 이 책이 다 이런 것은 아니고, 이 대목만 휘황찬란합니다. 책 대부분은 우리가 로마 요리 하면 떠올리는 것보다 검소한 요리들로 채워져 있어요. 로마시대에도 평범한 사람들은 평범하게 먹었던 것 같아요. 그중에도 주머니가 넉넉지 않은 서민이나 주방이 없는 집에 살던 이들은 종종 테르모폴리움을 찾았다고 하네요.

로마시대에서 21세기로 온 시간 여행자는 알게 될 거예요. 2000년이 지난 지금도 패스트푸드는 서민의 음식이라는 사실을.

"정크푸드 업체들이 가난한 유색인종 청소년들을 타깃으로 삼고 있다." 2019년 초에 사람들을 심란하게 만든 연구 결과가 미국에서 나왔습니다. 미국의 식품 회사들이 2017년 텔레비전 광고에 110억 달러를 썼다고 합니다. 입에는 착착 감기지만 건강에는 나쁜, 설탕이 들어간 음료수며 과자며 패스트푸드 광고에 그중 80퍼센트가 쓰였고요. 여기까지는 '그런가 보다' 싶어요. 문제는 흑인 청소년이 그런 광고를 접할 경우가 백인 청소년의 두 배라는 것이죠. 어째서 그럴까요? 식품 회사들이 건강에 좋지 않은 스낵이며 음료수의 TV 광고를, 해가 갈수록 흑인들이 보는 프로그램에 집중적으로 내보냈기 때문이라고 하네요.

그렇다면 한국 사회는 어떨까요. 유복한 사람이 즐기는 파인다이닝(fine dining)과 서민이 먹는 패스트푸드도 구별되지만, 패스트푸드를 제공하는 사람들 사이에도 빈부의 차이가 있나 봐요.

2017년에 맥도널드 햄버거를 먹고 아이가 크게 아팠던 사건이 있었습니다. 이태 동안이나 한국 맥도널드는 모른 척했습니다. 그러다 2019년에야 밝혀졌지요. 패티가 대장균에 오염된 사실을 알면서도 한국 맥도널드가 그대로 사용했을 뿐만 아니라 공무원의 조언을 받아가며 상황을 몰래 덮으려 했다는 사실이요.

그런데 이 뉴스에 이런 항의 댓글이 달렸습니다. "'햄버거병'이라고 하지 마라. 영세 햄버거집 요즘 매출이 반 토막이다. 제발 '맥도널드 병'이나 '해피밀 병'이라고 해달라. 대형 업체의 잘못에 왜 영세 햄버거 가게가 타격을 받아야 하나." 생각해볼 문제 같아 여기 옮깁니다. 패스트푸드를 취급하는 가게 역시 부자 업체와 영세 서민 업체로 나뉘는 것일까요.

'비프'와 '포크', 영어단어에 숨은 계급의 역사

앙숙으로 유명한 영국과 프랑스. 그래서일까요? 영국에서는 프랑스 사람을 '프로그(frog·개구리)'라고 낮추어 부른대요. '개구리고기를 먹는 사람'이라는 뜻이에요. 한편 프랑스에서는 영국 사람을 '로스비프(rosbif)'라고 놀린다고 합니다. 영국 요리 로스트비프에서 유래한 말이죠.

두 가지 점에서 얄궂은 이야기입니다. 하나는 로스트비프가 맛있는 음식이라는 사실 때문입니다. 영국 음식이 별로 맛이 없다는 것은 굳이 프랑스에서 놀리지 않더라도 영국 사람이 먼저 나서서 인정하는 바입니다. 그래도 로스트비프는 어디 내놓아도 뒤처지지 않는 영국 음식 최후의 자존심 아니겠습니까. 또 하나의 아이러니는 비프(beef)라는 단어의 내력입니다.

옛날에 영어를 공부할 때 고기 이름을 외우다 혼비백산한 경험이 있습니다. 소는 옥스(ox)와 카우(cow)인데 소고기는 비프(beef), 돼지는 피그(pig)인데 돼지고기는 포크(pork), 양은 램(lamb)인데 양고기는 머튼(mutton). 같은 영어인데 어찌 이리 다를까요. 오히려 프랑스어 뵈프(bœuf·소)나 포르(porc·돼지)나 무통(mouton·양)과 비슷해요. 어찌된 영문일까요?

중세 영국의 역사 때문이라는 설명이 있어요. 1066년 헤이스팅스 전투는 잉글랜드 역사에서 중요한 사건입니다. 노르만 사람인 윌리엄이 바다를 건너와 잉글랜드를 다스리던 해럴드 왕을 물리쳤지요. 잉글랜드의 왕족과 귀족이 윌리엄이 데려온 사람들로 바뀌었습니다. 그렇게 노르만 사람들이 사용하던 중세 프랑스어 어휘가 영어에 들어오게 되었지요.

작가 빌 브라이슨에 따르면 이후 계급에 따라 어휘가 달라졌다고 하네요. 잉글랜드의 농민에게 '소'란 밭을 가는 가축인 반면 노르만 출신 귀족에게 '소'는 식탁에 오를 먹을거리였던 거지요. 서민이 쓰던 잉글랜드 말은 가축의 이름이 되고, 귀족이 쓰던 프랑스어는 고기의 이름이 되었습니다. 잘사는 사람이 고기를 먹던 시절의 일입니다.

그런데 세상이 확 바뀌었습니다. 이제는 육식이 부자의 전유물이 아니지요. 기름진 정크 푸드를 서민이 먹고 부자는 채식을 하는 시대입니다. 옛날에는 '복스럽다'거나 '풍채 좋다'는 말이 부유한 사람에게 쓰였지만 요즘에는 가난한 사람 가운데 비만이 많습니다. 비만과 함께 건강도 문제가 됩니다. 세계보건기구는 이미 비만을 질병으로 규정했지요. 서민층은 몸을 챙길 여유가 없으니 더욱 심각한 문제입니다.

이 상황에 한몫 보태는 것이 바로 '공장식 축산'입니다. 고깃값을 내리기 위해 동물을 비좁은 곳에 가둬 기르지요. 고깃값이 내리니 가난한 사람이 기름에 튀긴 가공육을 먹고 끼니를 때웁니다. 동물은 학대받고 사람은 비만에 시달리고, 동물한테도 사람한테도 못할짓입니다. 지금 같은 대규모 축산이 환경을 파괴한다는 지적도 나오고요. '동물복지'가 주목받는 요즘입니다.

그렇다고 《사피엔스》의 작가 유발 하라리가 〈가디언〉지에 썼듯이 "공장식 축산이 어쩌면 역사상 가장 끔찍한 범죄"라고 잘라 말하는 것도 좋아 보이지는 않네요. 돈이 없어 값싼 고기를 먹는 가난한 사람은 '끔찍한 범죄자'란 말인가요? 부자만 고기를 먹던 중세로 돌아가자는 것은 아니겠지요. 그래서 육식은 어려운 문제입니다. 어떤 고기를 먹느냐는 문제는 오롯이 개인의 윤리적 결단에 달려 있으니까요.

서민의 식탁으로 쫓겨난 소스와 MSG

"요즘 세상은 엉망진창이란 말일세. 그리고 말만 지나치게 번드레하지. 번드레한 말이 엉망진창을 감추는 데 도움이 되거든. 위에 끼얹은 진한 소스가 질 나쁜 생선살을 감춰주는 것처럼 말일세. 진짜 좋은 넙치 살코기가 나온다면 난 성가신 소스 같은 건 끼얹지 않겠지."

명탐정 에르퀼 푸아로가 식당에서 투덜댑니다. 애거서 크리스티의 단편소설 〈검은 딸기로 만든 스물네 마리의 검은 새〉의 들머리 장면이죠. '검은 딸기(블랙베리)'도 스물네 마리의 검은 새(파이)도 생소하지만, 소스에 대한 불평에는 공감이 갑니다.

그렇다면 소스가 의심받는 이유는 뭘까요? 강렬한 맛과 향 때문입니다. 고기건 생선이건 질펀하게 소스 범벅을 해놓으면 원재료의 상태가 어떤지 알 수 없거든요. 맛없는 식당에 몇 번 속아 본 사람이라면 흥건한 소스를 보자마자 긴장을 하게 마련이죠.

그러나 소스는 무죄입니다. 톰 닐론의 책《전쟁과 음식》에 나온 대로, 한때 "(소스의) 걸쭉함은 부와 편안함의 대명사"였고 "풍부한 갈색 풍미는 벽난로 옆에서 먹는 배부른 저녁 식사를 상징"할 정도였죠. 에르퀼 푸아로처럼 대단한 탐정은 아니지만, 소스가 덮어쓴 억울한 누명을 벗겨보겠습니다.

걸쭉한 소스를 만들려면 원래는 시간과 비용을 많이 들여야 합니다.《더 푸드 랩》에서 지은이 켄지 로페즈 알트는 "얼마나 시간이 걸려야 걸쭉한 닭 육수가 우러나는지" 실험을 합니다. 뼈와 살이 붙은 결합조직과 닭 껍질의 콜라겐이 젤라틴으로 바뀌려면 오랜 시간 가열해야 해요. "콜라겐은 꼬아놓은 실처럼 보인다. 실을 이루고 있는 가닥을 분리해보려고 해보았는가? 가능은 하지만, 시간이 걸린다. 똑같은 일이 냄비 속의 결합조직이 끓을 때 일어난다." 실험을 해보니 걸쭉한 닭 육수를 만들려면 네 시간을 끓여야 한다는군요. 육수를 졸여 소스를 만드는 일에는 더 많은 시간이 들고요. 비용도 많이 들지요.

그래서 보통은 트릭을 씁니다. 톰 닐론의 책을 보면 전분을 넣는 것은 전통적인 방법이고 오늘날에는 '크산탄 고무(xanthan gum)', '구아르 고무(guar gum)' 따위를 사용한대요. 오래오래 고깃국물을 졸여 만든 소스의 진짜 걸쭉함과는 다르죠. 그러나 사람들이 헛갈려준 덕분에 이문이 많이 남는 장사가 되었습니다. "이런 고무와 점성을 높이는 재료가 자본주의의 행진과 긴밀하게 얽혀 있다는 것은 이제는 놀랍지도 않은" 일이죠.

소스를 이용해 재료의 상태를 속이는 것도 마찬가지입니다.

다음은 원래 맛있는 고기를 더욱 맛있게 만드는 방법입니다. 첫째, 소스로 고기 맛을 더하기. 둘째, MSG로 감칠맛을 더하기. 셋째, 고기를 다져 햄버거를 만들어 씹기 편하고 육즙이 잘 흘러나오게 하기.

그런데 세 가지 모두 오늘날 의심받고 있어요. 묵은 고기를 신선한 것처럼 속이는 짓 아니냐는 거죠. 그러나 진범은 따로 있습니다. 이문을 더 많이 남기기 위해 싸구려 재료를 사용하겠다는 욕심이 진짜 범인이죠. "모든 것이 잘 들어맞았어. 완벽한 알리바이였지. 소스가 듬뿍 뿌려져 있었던 걸세! 생선살이 전혀 보이지 않도록 말일세!" 소설 끝에 사건을 해결한 에르퀼 푸아로는 이렇게 외칩니다.

이 욕심은 때때로 우리를 위험으로 내몰기도 합니다. 스물네 마리의 검은 새 파이는 원래 영국의 전래동요에 나옵니다. "스물네 마리의 검은지빠귀를 파이에 넣어 구웠네." 그런데 옛날 판본에는 이렇게 되어 있다고 합니다. "스물네 명의 소년을 파이에 넣어 구웠네." 섬뜩하지요. 이문을 남기려던 어른들의 욕심 때문에 어리고 젊은 사람이 상하는 사건을 보면 마음이 안 좋습니다. 자라나는 아이들이 먹을 음식에 들어간 첨가물 가운데서 위험한 성분이 발견됐다든지, 또는 신선하지 않은 음식을 첨가된 맛 때문에 모르고 먹었다가 탈이 났다든지 하는 이야기에 마음이 아픕니다.

마파두부로 몸을 녹이는 중국의 인력거꾼

일이 밀려 바쁜 날이었어요. 함께 일하는 Y 선생님이 컵밥(컵반)을 데워주셨죠.

"무슨 메뉴 드실래요?"

"아, 마파두부도 있네요. 저는 저거 먹을게요."

먹고 나서 내심 놀랐어요. 생각보다 맛이 괜찮았거든요. 그래서 '컵밥도 먹어보니 맛있더라'는 이야기를 쓰려고 했죠. 그런데 마음이 바뀌었어요. 그러면 안 될 것 같아요. 왜? 그 사연을 밝히겠습니다.

대뜸 마파두부를 고른 이유는 작가 라오서의 소설《루어투어 시앙쯔》가 생각났기 때문이에요. 주인공인 인력거꾼은 쌀쌀한 날, 일을 하다 몸이 식으면 노점에서 마파두부를 사 먹고 속을 뜨끈하게 데운 다음 다시 달립니다. 저는 지인인 C군이 좋아하는 음식이기도 해서 몇몇 가게의 마파두부 맛을 비교해보기도 했습니다. 동네에서 먹은, 잘게 부순 콩 대신 알이 굵은 콩알이 들어간 더우반장(두반장)을 쓰는 가게가 인상 깊었습니다. 굵은 콩알이 씹히더군요.

만일 '돼지 간 볶음 컵밥'이 있었다면 그걸 먹었을 거예요. 위화의 소설《허삼관매혈기》의 주인공 허삼관은 목돈이 필요할 때마다 피를 팔고, 돼지 간 볶음을 사 먹으며, 혼자 뒤풀이를 합니다. 노점에서 당면순대를 사 먹을 때면 돼지 간 찜을 이쑤시개에 꽂아 먹으며 허삼관이 먹던 간의 맛을 상상하지요.

마파두부니 설렁탕이니 돼지 간이니 대패삼겹살이니…. 이 음식들의 공통점은 무엇일까요. 싼값에 먹을 수 있는 고기 요리라는 점이겠지요. 갈아 넣거나 얇게 저미거나 국물을 내거나 버리는 부위를 쓰거나 해서 양을 늘리고, 맵거나 짜거나 뜨겁게 먹어 배가 부른 기분을 내지요.

그런데 문제가 있어요. 평소 비싼 음식을 먹던 사람이 가끔 한번 먹고 "안 비싼 음식도 맛있다"라고 말해도 되는 걸까요?

"귀공자가 농부의 음식을 보고 비웃는다. 이렇게 하찮은 것을 먹으니 어찌 병이 나지 않겠냐고." 음식문헌 연구자 고영 선생이 올 초 한 신문 칼럼에 소개한, 조선후기 심노숭의 문장입니다. 물론 심노숭에 따르면, 시골 사람도 부잣집의 사치스러운 음식을 보고 '저러다 망한다'며 탄식하지요. 아무려나 '하찮은 음식'을 먹는 이는 '귀공자'의 비웃음이 미울 거예요. 그러나 평소 미식을 즐기던 이가 "서민 음식도 나름 별미"라고 감탄한다면, 이건 이거대로 기분 나쁜 일 아닐까요.

이런 생각을 하게 된 건 C군과 겪은 일 때문이었어요. 정신

없이 바쁘던 중에 문자로 농담을 보냈어요. "일 안 하고 월급만 받으면 좋겠네요." C군은 "ㅎㅎㅎ"라고 답하고 잠시 후 메시지를 한 통 더 제게 보냈지요. "저는 일을 하고 싶네요." 아차차. 저는 낯이 화끈했어요. C군은 요즘 취업 준비로 바쁘거든요. 나중에 곱창 쌀국수를 먹으러 가자고 사진을 보냈습니다. 남한테 실례가 되지 않을까 말할 때마다 신경을 써야겠습니다.

ㄱㅣㅁㅌㅐ

설렁탕을 포장해 오는 조선의 가난한 남편

소설의 주인공이 된 인력거꾼으로 중국에 마파두부를 먹는《루어투어 시앙쯔》가 있다면 한국에는《운수 좋은 날》의 김첨지가 있지요. 다음은 김첨지가 싸 온 설렁탕과 더불어, 문학과 역사에 등장하는 세 가지 뜨끈한 국물 요리입니다. '몸에 좋은 음식'으로 알려져 있죠.

첫째, "설렁탕을 사다놓았는데 왜 먹지를 못하니?" 인력거를 끄는 남편 김첨지는 손님을 받을 때마다 아내에게 설렁탕을 사줄 생각에 뿌듯해합니다. 조밥을 급히 먹다 체하여 몸져누운 아내는 "사흘 전부터 설렁탕 국물이 마시고 싶다고 남편을 졸랐"거든요.

현진건의《운수 좋은 날》을 읽으며 궁금했어요. 왜 하필 설렁탕일까? 처음에는 '혹시 그때 설렁탕은 평소에 서민이 먹지 못할 귀한 음식이었나'라고 생각했어요. 그런데 아니더군요. 음식

문헌 연구자 고영 선생님에 따르면 설렁탕은 1920년대에 이미 편하게 배달시켜 먹는 대중적인 음식이었대요. 잡지 〈별건곤(別乾坤)〉에서는 "일반 하층계급에서 많이 먹는다"고도 했고요.

그렇다면 역시 설렁탕이 몸보신에 좋은 음식이라서? 남편 김첨지는 아픈 사람은 다 먹는 설렁탕을 아내만 못 먹는다는 생각에 더 속이 상했겠죠.

둘째, "그동안 내가 너무 못되게 굴었지. 닭고기 수프 조금만 갖다줘." 오 헨리의 〈마지막 잎새〉의 주인공 존시는 비바람에도 버텨낸 '마지막 잎새'를 보고 폐렴을 이겨낼 용기를 얻습니다(뒤에 유명한 반전이 있지만요). '죽지 않아, 병과 싸워 이겨낼 테야'라는 굳은 결심을 보여주는 대사가 바로 "닭고기 수프를 먹겠다"였죠. 감기나 폐렴에 걸렸을 때 닭고기 수프를 먹으면 낫는다고 서양 사람들은 생각하거든요. 실제로 실험 결과 염증을 완화시켜주는 효과가 입증되기도 했고요.

닭고기 수프가 등장하는, 제가 〈마지막 잎새〉보다 좋아하는 작품은 옛날 시트콤 ＜솔로몬 가족은 외계인＞(1996~2001년 미국 NBC에서 방영했고 한국에서도 방영)입니다. 시트콤의 주인공은 솔로몬 가족입니다. 지구침공(!)을 위해 지구인으로 위장하고 지구에 살던 외계인들이죠. 어떤 에피소드에서 솔로몬 가족은 지구의 감기에 걸려 고생하다가 '지구인들은 닭고기 수프로 감기를 이겨낸다더라'는 정보를 입수하게 됩니다. 다음 장면에서 외계인들은 "으으, 뜨듯해. 감기가 낫는 것 같아", "지구인들은 현명하군"이라고 감탄합니다. 과연 외계인들은 닭고기 수프를 마셨을까요? 아닙니다. 수프에 발을 담근 채로 족욕을 하고 있었습니다.

셋째, 레스토랑의 탄생. 1765년 프랑스의 불랑제라는 사람이 루브르박물관 가까운 곳에 가게를 열고 '부용 레스토랑(bouillons restaurants)'이라는 음식을 팔았어요. '부용'은 소나 닭으로 말갛게 끓인 수프를 말합니다. 레스토랑은 원래 프랑스어로 '회복시켜준다'는 뜻의 분사고요. 물론 불랑제는 양다리 요리도 팔았습니다. 사실 대박이 난 것은 이쪽입니다. 그래서 오늘날의 레스토랑들도 고기구이를 많이 팔죠. 그래도 '레스토랑'이라는 이름에는 '몸에 좋은 고깃국물'의 흔적이 남아 있는 셈입니다.

맑은 국물 곰탕, 지리, 닭고기 수프. 뽀얀 국물 설렁탕, 돈코쓰라멘. 빨간 국물 육개장, 물곰탕, 홍어애탕, 산라탕. 뜨끈한 국물 요리의 목록입니다.

그런데 뜨거운 고깃국은 정말 몸에 좋을까요? 정말 몸에 좋다면 어째서일까요? 영양 때문일까요? 고기를 구워 먹는 것보다 국물로 마시는 쪽이 소화가 잘되기 때문일까요? 이런 생각을 늘어놓자 아내가 딱 잘라 말하더군요. "그냥 맛있어서 그런 거 아냐?" "무슨 소리야?" "맛있는 걸 먹으면 기분이 좋아지잖아. 그럼 몸에도 좋을 테고."

속마음을 들킨 듯 머쓱해졌어요. '왜 다른 생명을 빼앗아 가면서까지 육식을 끊지 않느냐'라는 질문을 종종 스스로 해봐요. 그럴 때마다 '몸이 안 좋아서', '영양 때문에'라고 생각하지요. 그런데 영양 때문에 육식을 해야 한다는 말은 사실일까요? '그냥 맛있어서'가 진짜 이유 아니었을까요?

베블런의 이론으로 본 '과시적' 미식 취향

신제주 '이노우에스시'에서 사장님이 맑은 국물을 내주셨어요. 일행이 "무슨 생선이냐"고 제게 묻더군요. 저는 짐짓 겸손한 척하며 대답했어요. "거기까지는 몰라요. 국물만 한 모금 먹고 흰살생선의 종류를 바로 구별할 실력은 아직 안 됩니다." 사장님이 이 말을 듣고 어처구니없다는 표정을 지었습니다. "평생 이 일을 해온 나도 그건 안 됩니다."

잘난 척하기의 하수는 모르는 것도 안다고 합니다. 반면 남들이 다 아는 척할 때 "나는 거기까지는 모른다"고 하는 사람이 한 수 위죠. 첫째로 들통날 염려가 없고, 둘째로 남들과 달라 튀어 보이며, 셋째로 마치 그것만 빼고 다 아는 사람처럼 보이기 때문입니다. 정말 전문가인 사장님이 보기에 그런 식의 잘난 척을 하는 제가 얼마나 우스웠을까요.

'맛을 안다'는 말은 '취향이 있다'는 뜻입니다. 미식은 잘난 척하기 딱 좋은 주제죠. 이런저런 생각이 들어요.

첫째, 사실 미식을 고깝게 여기는 사람들이 제법 있습니다. '맛의 차이도 별로 없는데 비싼 값을 치르다니, 결국 돈을 많이 쓴다고 자랑하려는 것 아니냐'는 비판이죠. 프랜차이즈 음식점에서 고기를 구워 먹고 캔 커피를 뽑아 마시는 것이나 비싼 스테이크나 화로구이를 먹고 핸드드립을 마시는 것이나, 별 차이가 없다는 주장과도 궤를 같이합니다. 그런데 정말 그럴까요?

둘째, 여기에 대해서는 미식을 옹호하는 반론이 있습니다. 많은 사람들이 보기에 별 차이가 없어 보일지 몰라도 취향에 목숨을 거는 사람들에게는 그 차이가 크다는 것이죠. 예를 들어 젓가락으로 만두피부터 쿡쿡 찌르는 사람에게는 샤오룽바오(小籠包)와 고기만두가 차이가 없겠지만, 샤오룽바오를 좋아하는 사람에게는 입천장을 델 만큼 뜨거운 즙이 중요하지요.

친구와 함께 20년 전에 맛있는 샤오룽바오를 먹으러 간 일이 있었어요. 그때만 해도 서울에서 샤오룽바오를 구경하기 쉽지 않던 때였죠. "요즘 집안 분위기가 좋지 않아 아버지랑 식사라도 한번 하기로 했는데 여기로 모셔야겠네." 나중에 친구를 다시 만나 물어봤어요. "아버지와의 식사는 어떻게 됐어?" 친구는 한숨을 쉬며 대답했어요. "아휴, 결국 분위기가 더 안 좋아졌어. 아버지가 무성의하게 젓가락질을 하셔서 만두피가 다 터지는 걸 보고 '아버지, 육즙이 중요한 겁니다!'라고 한소리 했다가 그만."

미식에 대한 비판도 그에 대한 반론도 둘 다 그럴싸합니다. 그래서 드는 세 번째 생각. 맛에는 미묘한 차이가 있다는 것이고, 그 차이를 알아차리는 능력이 엄청난 잘난 척의 결과라는 것도 사실이라는 거죠. 경제학자 소스타인 베블런의 '과시적 소비' 이론은 유명해요. 인간이란 과시하기 좋아하는 존재이고, 과시적 행위 중에 으뜸은 번거롭고 쓸모없는 일에 몰두하는 것이죠. 그래야 자기가 생존 따위에는 신경 쓰지 않는 '유한계급'임을 과시할 수 있으니까요. 치렁치렁 불편한 옷을 입는 것도, 시간 낭비 같은 예법에 골몰하는 것도, 먹고사는 일에 도움이 안 되는 취미 생활에 매달리는 것도, 베블런이 보기에는 다 잘난 척하기 위해 하는 짓이죠. '나는 이렇게 불편한 옷을 입고도, 시간 낭비를 하고도, 먹고사는 일에 신경 쓰지 않고도 잘살 수 있을 만큼 잘나간다'는 과시라나요.

미식에 관해서도 마찬가지입니다. 미묘한 맛의 차이를 아는 것은 생존과는 상관없는 능력입니다. 이런 쓸모없는 능력을 쌓기 위해 돈과 시간이 엄청나게 들어간다는 점에서 미식은 궁극의 잘난 척입니다. 그렇다고 '미식이 졸부의 전유물'이라고 하면 미식가들은 억울할 거예요. 그래서 미식 취향을 뽐내면서도 '돈 많은 속물'로 보이지 않을 묘안이 있어요. 비싸고 맛있는 음식을 피하고 덜 비싸도 맛은 뛰어난 가성비 맛집을 찾는 겁니다. 길거리 음식이면 더욱더 좋겠죠.

《세설신어(世說新語)》는 옛날 중국의 귀족들이 잘난 척한 일화를 모아놓은 책입니다. 여기에 나오는 왕제라는 부자가 임금을 초대해 돼지고기를 대접했어요. "고기가 어찌 이리 연한고?" "사람의 젖을 먹여 키운 돼지입니다." 임금은 감탄은커녕 불쾌해했어요. 오늘날 우리도 이 이야기를 보면 불쾌할 따름이지요. 왕제는 하수였던 것입니다.

먹히는 자에 대한 예의

미식 리뷰로 인생 역전한 몰락한 부잣집 도련님

옛날 그리스 사람들은 먹고 마시는 일의 소중함을 잘 알았나 봅니다. 호메로스의 서사시를 보면 작전 회의를 하려고 해도 식사부터 하고, 죽은 동료를 애도할 때도 고기부터 먹더군요. 한번은 영웅 아킬레우스가 죽은 친구의 복수부터 하고 식사는 뒤로 미루자고 했다가(《일리아스》 19권) 그것은 너무 무리한 일이라며 오디세우스에게 제지당하기도 했어요(우리의 옛날 유행어에도 있잖아요. "밥 먹고 합시다!").

우리는 보통 문상부터 하고 밥을 먹습니다. 저도 전주와 제주에 문상을 하러 간 적이 있습니다. 난처했어요. 상갓집 밥이 맛있어서 저도 모르게 식사를 즐겼거든요. 전주에서는 간자미국과 간자미찜을, 제주에서는 돼지고기 수육을 먹었는데, 빈소에서 저 혼자 살아 있는 기쁨을 누려도 되나 하는 생각에 두고두고 죄송한 마음이었어요.

가장 악명 높은 장례식 만찬은 1783년 파리에서 열린 '알렉상드르 발타자르 로랑 그리모 드 라 레니에르'의 장례식일 겁니다(이름이 너무 길죠? 보통 줄여서 '그리모'라고 부르더라고요. 우리도 그렇게 부르죠). 부고를 듣고 그리모의 저택으로 찾아온 손님들은 기겁했어요. 젊은 그리모가 뻔뻔히 산 채로 나타나 손님들을 관처럼 생긴 자리에 앉혔거든요. 만찬을 열기 위한 가짜 장례식이었던 거죠. 다양한 방법으로 조리한 돼지고기 요리가 밤새 상에 오르고, 10여 명의 손님은 식사를 강요당했습니다.

그나마 그들은 처지가 나았지요. 다른 수백 명의 손님은 식탁 주위의 발코니에 서서 이 엽기적인 만찬을 지켜보아야 했거든요. '문상객들' 사이에서 분노한 목소리가 터져 나왔대요. "정신병자들을 가둔 시설에 그리모를 집어넣어야 한다!"

그리모는 왜 이런 기행을 벌였을까요? 부모에게 복수하고 싶었을지도 모릅니다. 그리모는 양손이 불편하게 태어났어요. 그럼에도 의수를 착용하고 글을 써서 평론가로 이름을 얻었고 20대에는 변호사가 되었죠. 하지만 아버지는 그리모를 부끄러워했어요. 자기 친구들에게는 "아이가 돼지우리에 손을 집어넣었다가 돼지에게 물어뜯겼다"고 거짓말까지 했습니다.

어쨌든 그리모의 엽기 행각은 금세 소문이 났습니다. 참다못한 아버지가 며칠 집을 비운다고 거짓말을 하고는 저녁에 예고도 없이 들이닥쳤어요. 마침 그리모는 살아 있는 돼지를 데려다 아버지의 비싼 옷을 입히고는 식탁에 앉혀서 만찬을 대접하던 참이었죠. 아버지는 "식탁 예절을 배우라"며 그리모를 시골의 수도원에 가뒀습니다.

그리모는 팔자에 없던 금욕 생활을 마치고 몇 년 만에야 돌아오게 됩니다. 세상은 변했습니다. 프랑스혁명이 일어나 '앙시앵레짐(ancien régime)'이라 불리던 옛 체제는 무너지고 흥성거리던 만찬 문화도 빛을 잃었죠. 그리모 집안의 막대한 재산도 사라졌습니다. 아버지의 옛날 직업은 세금징수인, 혁명을 일으킨 사람들이 가장 미워하던 직업이었죠.

먹고살기 위해 그리모는 식료품 거래 등 여러 일을 전전했어요. 그러다 자기랑 꼭 맞는 일을 찾았습니다. 바로 미식과 평론의 결합이었죠. 당시는 파리 시내에 레스토랑이 처음 생겨나던 무렵이었어요. 그리모는 파리 시내의 레스토랑을 돌며 음식을 맛보고 리뷰를 써서 《미식가 연감(Almanach des Gourmands)》을 여덟 권 발행했습니다.

1812년 그리모의 장례식이 다시 열렸어요. "그리모가 진짜 죽었을까?" 갸웃거리는 문상객을 맞이한 사람은 역시 살아 있는 그리모였어요. 이번에도 가짜 장례식이었습니다. 그리모는 유쾌한 만찬을 즐기며 은퇴를 선언하고는 편안한 여생을 보냈습니다. '맛집 리뷰'라는 새로운 글쓰기를 후세에 남기고 말이죠.

부자의 식탁을 즐기던 사람이 세상이 뒤집히는 바람에 빈민의 식탁으로 내몰리게 된 상황에서 그동안 갈고닦은 '식탁'에 대한 감식안 덕분에 다시 부자의 식탁으로 돌아온, 기이한 이야기였습니다.

HEOL

사냥으로 잡은 고기를 서민은 먹을 수 있을까

베를린에 머물 때의 일입니다. 자주 가던 동네 식당에 독일어로 안내문이 붙었습니다. "수렵 번호 ○○○○번, 우리의 사냥꾼 아무개 씨가 잡은 멧돼지고기로 만든 스튜를 팝니다." 이럴 수가, 독일 사냥꾼이 잡은 멧돼지고기라니, 오페라 〈마탄의 사수〉에서나 볼 법한 일이 아닌가요. 주문부터 하고 저는 생각에 잠겼습니다.

고기 맛이 좋으리란 보장은 없지요. 가축을 잡을 때는 지키는 규칙이 많습니다. 죽이기 전에 기절시키는 것은 인도적인 이유도 있지만, 버둥대던 상태로 죽어 고기 맛이 떨어지는 것도 막기 위해서죠. 피도 단번에 깨끗이 빼야 하고 며칠 숙성도 시켜야 합니다. 이렇게 도축된 고기보다 사냥한 고기가 맛있을 것 같진 않았습니다.

그런데도 사냥으로 잡은 고기 맛이 궁금한 까닭은 뭘까요?

사냥이라고 하면 왠지 모를 호기심이 생깁니다. 죽은 짐승을 생각하면 마음이 불편하지만요.

종교를 열심히 따르던 옛날 사람들은 사냥을 그다지 좋아하지 않았던 것 같아요. 우선 기독교의 경우를 볼까요? 프랑스 작곡가 세자르 프랑크의 교향시인 〈저주받은 사냥꾼〉을 보면 일요일에 사냥을 나서는 귀족이 등장합니다. 사람들이 말리지만 그는 아랑곳하지 않아요. 끝내 귀족은 신의 노여움을 사서 지옥의 악마에게 쫓기는 사냥감 처지가 됩니다. 신앙심 깊던 옛날 사람들이 보기에 그의 죄는 '거룩한 안식일을 지키지 않은' 신성모독죄입니다. 우리가 보기에는 부하들을 일요일에도 쉬지 못하게 하고 농민의 땅을 짓밟은 일이 잘못이지만요. 《성서》에 보니 안식일의 원래 취지 역시 '아랫사람들도 일주일에 하루는 쉴 수 있게 해주자'는 것이더라고요.

그럼 동아시아의 불교는 어떨까요? 젊은 시절에 사냥꾼이던 석공혜장(石鞏慧藏)은 자기 직업 탓인지 스님을 싫어했다고 합니다. 하루는 그가 암자 앞을 지나며 큰스님 마조대사에게 물었답니다. "내가 쫓던 사슴을 보지 못했소?" 일부러 사냥 이야기를 꺼내서 스님을 괴롭히려던 심사였겠죠. 그런데 마조대사가 도리어 되묻습니다. "당신은 화살 하나로 몇 마리를 맞히시나?" 사냥꾼이 으쓱대며 답합니다. "한 발로 한 마리씩 맞히죠." "에이, 활을 쏠 줄 모르는구먼." "그러는 스님은 활 좀 쏩니까?" "나는 화살 하나로 한 무리를 맞히지." 큰스님의 '무리'라는 말이 사슴을 가리키는 것은 아니었겠죠. 그런데 사냥꾼은 곧이곧대로 듣고 놀랍니다. "아니, 저쪽이나 이쪽이나 같은 생명인데, 한 무리를 다

쏘다니요?" "그러는 그대는 왜 스스로 쏘지는 못하는가?" 어떤 의미일까요? 선불교는 알 듯 모를 듯합니다(오죽하면 '선문답'이란 말이 있겠습니까). 아무튼 마음이 움직인 석공혜장은 그 자리에서 활과 화살을 꺾고 출가해 훗날 큰스님이 되었습니다.

둘 다 이해하기 쉬운 내용은 아니지만, 그래도 사냥에 대해 사람들이 어떻게 생각하는지 공통점 몇 가지가 눈에 띕니다. 첫째, 사냥꾼 본인은 자기가 하는 일을 즐깁니다. 둘째, 하지만 사냥터 주위의 사람들은 민폐로 받아들입니다(낯선 사람이 무기를 들고 뛰어다니니 당연한 노릇이죠). 셋째, 사냥꾼 본인도 켕기기는 합니다. 죄책감이라고 해야 할지, 미안함이라고 해야 할지는 모르겠지만.

이런저런 생각을 하던 중에 스튜가 나왔습니다. 사냥으로 잡은 멧돼지는 도대체 어떤 맛일까? 답부터 말하자면, 모르겠습니다. 양이 적었어요. "그래, 이 맛이야"라고 콕 찍어 말하기에는 국물은 많고 고기는 적었습니다.

공장식 축산 대신 사냥으로 고기를 공급한다면 고기의 양은 지금보다 적겠죠? 덕분에 한 가지 생각할 거리가 늘었어요. '공장식 축산이 아니라 사냥으로 고기를 공급하게 되면, 우리는 더 비싼 값을 내고 더 적은 고기를 먹겠구나.' 죽는 동물의 수는 줄어들겠지만 고기는 부자의 식탁에만 오르게 되겠죠. 이것이 좋은 일일까요, 나쁜 일일까요? 사람마다 생각이 다를 것 같습니다.

'치킨세'라는 용어가 있어요. 세금 할 때의 세(稅)가 아니라 시대라는 의미의 세(世)입니다. 지질학적으로 지금이 '치킨의 시대'라는 의미. 무슨 뜻일까요? 그 전에는 '인류세'라고 했어요. 인류가 하도 땅을 파헤치고 환경을 오염시켜서 이전 시대와는 다른 지층이 형성될 것이라는 이야기였죠. 그렇다면 인류세를 특징짓는 화석은 무엇이 될까요? 어떤 학자들은 닭 뼈가 아닐까 하더군요.

인류가 고기 욕심을 채우기 위해 닭을 키우고 잡아먹기 때문이에요. 한 해 도축되는 닭은 약 600억 마리, 화석도 닭 뼈 화석이 제일 많이 남지 않을까요. 심지어 요즘 닭은 몇 세대 전의 닭과 뼈도 근육도 다르게 생겼다지요. 고기를 더 많이 얻으려고 품종을 개량했기 때문입니다.

초자연적인 응보를 믿지 않는다고 해도, 공장식 축산의 단면을 접할 때마다 기분이 섭뜩해지는 것은 어쩔 수 없네요.

5장

고소한 치킨의 쓸쓸한 뒷이야기

191,016,000
107,259,600
80,982,206

마이크를 죽인 사람과 마이크를 살린 사람

옛날 한국에서는 처가댁을 찾은 사위를 먹이려고 닭을 잡았다죠. 미국 콜로라도에는 장모님을 위해 닭을 잡은 사위가 있었습니다. 1945년 9월 10일, 농부 로이드 올슨은 넉 달 남짓 키운 닭 마이크의 목을 쳤지요. 그러나 마이크가 죽지 않고 몸부림치는 바람에 사과 상자 안에 넣어두었어요.

이튿날 아침 올슨 부부는 놀랐습니다. 마이크가 멀쩡히 살아 있었거든요. 머리가 잘린 채로 말이에요. 닭을 두 번 죽일 수는 없었던 올슨 부부는 마이크를 계속 기르기로 했습니다. 닭고기를 먹지 못하게 된 장모님도 이해해주셨을 거예요.

닭은 머리 뒤쪽에 뇌 대부분이 몰려 있다고 합니다. 머리 없이도 마이크가 살아남은 까닭이죠. 아무려나 마이크는 유명한 닭이 되었습니다. 잡지에 실리고 미국 순회공연까지 하고요. 마이크 덕분에 올슨이 돈을 번 것은 사실입니다. 그렇다고 목 없는 닭을 기른 정성이 폄하될 일은 아닙니다. 음식을 식도로 넣어주고 기도가 막히면 주사기로 뚫어주었죠. 이렇게 마이크는 목이 잘린 채 열여덟 달을 더 살았다고 합니다. 우리가 먹는 치킨이 대개 달포를 살다가 식탁에 오른다는 점을 생각하면 이태를 산 마이크는 장수한 편이죠.

문득 철학자 버트런드 러셀의 말이 떠올랐습니다. "닭이 살아 있는 동안 날마다 먹이를 주던 사람이 결국에는 닭목을 비튼다." 러셀은 '귀납의 오류'에 대해 지적하려고 했습니다. 지금까지 먹이를 주던 농부를 보며 '언제나 먹이를 주는 사람'이라고 추론하면 오류라는 것이죠.

거꾸로 사람이 닭을 죽이기만 한다고 생각하는 것도 오류겠지요. 올슨이 깜빡하고 주사기를 두고 오자 하룻밤 만에 마이크는 숨이 막혀서 세상을 떠나고 맙니다. 올슨이 얼마나 애지중지 마이크를 돌보았는지 알 수 있는 대목입니다. 닭을 살리는 것도 죽이는 것도 사람입니다.

데이터를 찾아봤습니다. 얼마나 많은 닭을 우리는 살리고 죽일까요. 한 달에 도축하는 닭은 8,000만 마리 안팎입니다. 자릿수를 잘못 센 것이 아닐까 놀라서 다시 세었지요. 그런데 보양식을 찾는 여름에는 더 많습니다. 축산물 안전관리시스템의 도축 검사 현황을 보면 최근 5년 동안 7월마다 도축된 닭은 1억 마리가 넘더군요. 한편 키우는 닭은 더 많습니다. 고기를 먹는 육계 말고도 달걀을 낳는 산란계와 번식을 위한 종계가 있거든요. 2018년 6월 기준 국립축산과학원 자료에 따르면 한국에는 1억 9,000만 마리의 닭이 살고 있었다는군요.

이래도 되는 걸까요. 어마어마한 숫자에 멀미가 날 것 같습니다. 그런데 이렇게 해도 수요를 맞추지 못해 닭고기 자급률은 80퍼센트 대라고 합니다. 저만 해도 엊그제 자축할 일이 있다며 치킨을 먹은 걸요.

올슨은 왜 마이크를 살려냈을까요. 미안해서였을까요, 신기해서였을까요? 첫 마음은 몰라도 나중에는 돈 때문이었어요. 순회공연은 수입이 짭짤했다니까요. 꺼림칙하죠. 하지만 이익을 생각 말고 닭이나 돌보라고 강요할 수도 없는 노릇입니다. 오늘날의 축산 방식에 문제가 있다는 지적은 맞을 겁니다. 하지만 그 책임을 고기가 될 동물을 키우는 사람들에게 일방적으로 지울 수는 없습니다. 그래서 유발 하라리가 했던 말, '공장식 축산은 악' 같은, 흑백논리가 뚜렷한 주장을 들으면 저는 오히려 머릿속이 복잡해집니다.

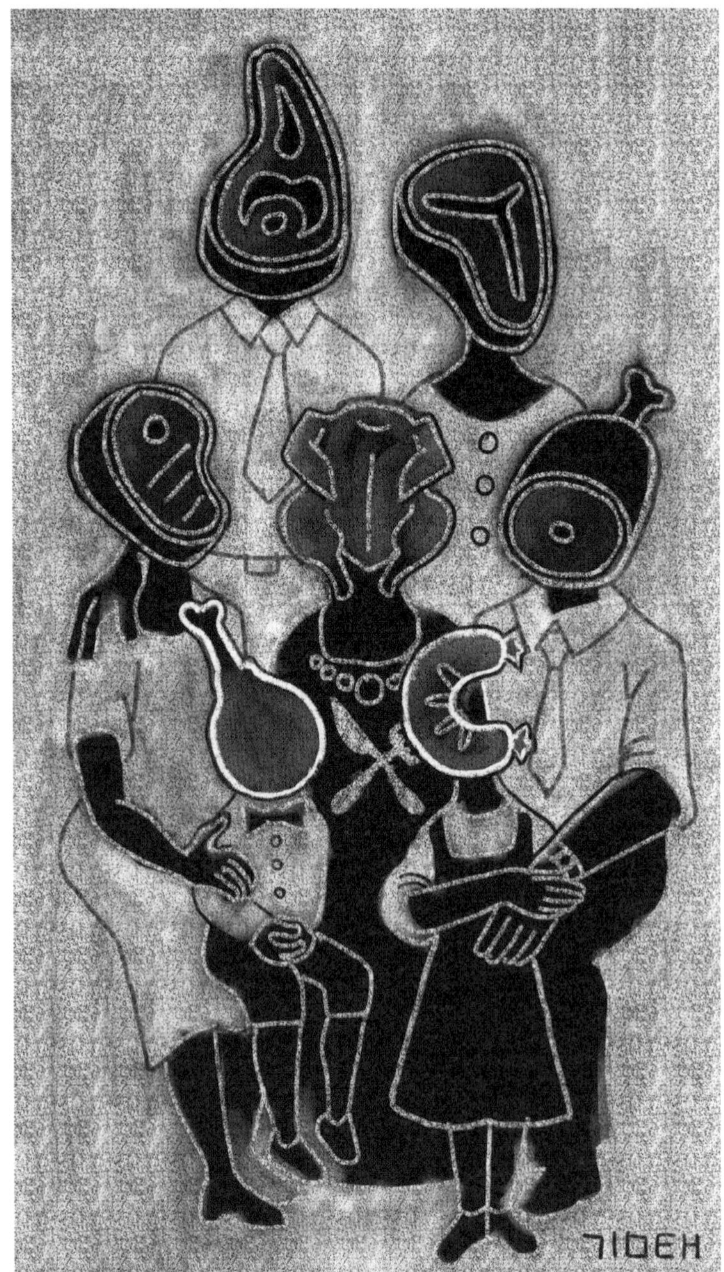

다음 시대에는 문제가 될 '육식의 대물림'

아파트 앞에서 아이와 놀다가 집으로 돌아오는 길이었어요. 엘리베이터에 치킨집 사장님이 함께 탔습니다. 사장님이 들고 있는 상자 안에서 갓 튀긴 치킨의 고소한 냄새가 물씬 풍기더군요. 사장님이 치킨을 배달하기 위해 우리 집과 다른 층에서 내리려는 순간 아이도 따라 내리려고 하더라고요. "아이고, 남들이 보면 집에서 너 굶기는 줄 알겠다, 허허." 큰아이가 세 돌이 채 되지 않았을 때의 일입니다.

아이를 보면서 '육식의 대물림'이라는 주제를 고민했어요. 우리는 왜 육식을 할까요? 맛있으니까요. 그렇다면 육식이 불편한 이유는? 죄책감이 드니까요. 술이며 담배며 다른 육체적 쾌락이며, 몸은 즐거운데 마음이 켕기는 일들이 있죠. 이런 일은 대체로 자라서 어른이 된 다음 스스로 할지 말지를 결정하는 쪽이 바람직하다고들 생각합니다. 심지어 종교를 선택하는 일도 그렇지요. 그런데 육식에 대해서만 예외입니다. 엄마·아빠처럼 아이도 육식하는 일을 당연하게 여깁니다.

실제로 우리 집에서 이런 일이 일어나지는 않겠지만 예를 들어 생각해보죠. 아이가 유대교 신자가 될 것을 제가 결정한다면 어떨까요. 이슬람의 '할랄'처럼 유대교에는 지켜야 할 음식계율인 '코셔'가 있어요. 이를테면 어미의 젖과 자식의 고기를 동시에 먹지 말라는 규칙이 있죠. 아이는 치즈버거를 먹지 않게 되겠지요. 아빠가 그러라고 결정했기 때문이에요. 독실한 신자라면 잘했다고 할지 모르지만, 제 친구들은 왜 그런 결정을 제가 하느냐고 타박할 거예요.

또 예를 들어, 아이가 채식주의자가 될 것을 아빠가 결정한다면? 그래서 집 밖에 나가서도 고기를 먹지 말라고 귀에 못이 박이도록 잔소리를 한다면? 아마 채식을 고집하는 제 친구들도 제게 핀잔을 줄 거예요. 왜 그렇게 유난을 떠느냐고, 아이에게 못 할 짓이라고, 아빠가 잘못하고 있다고 말이에요.

그런데 아이에게 육식을 시키는 문제에 대해서도 이런 논리를 적용한다면 이상한 일일까요? 왜 아이에게 돼지고기를 먹였느냐, 왜 치즈버거를 먹였느냐, 아니 애초에 왜 동의도 받지 않고 고기를 먹였느냐고 한 번쯤 따져 물을 수 있는 일 아닐까요.

말장난처럼 들릴지도 모르겠지만 앞으로는 정말로 일어날지도 모를 일입니다. 오늘날의 공장식 축산을 돌아보면 켕기는 부분이 많거든요. 가두어 키우는 일도 잔인하고 그 과정에서 생기는 환경 파괴도 엄청납니다. 지금은 세상이 이 문제를 모른 척하지만 다음 세대에는 어떨까요. 아이가 공장식 축산에 기초한 육식의 습관에 왜 자기를 끌어들였냐고 따지면 무어라 대답해야 할까요.

그러나 먼 미래에 일어날지 일어나지 않을지 모를 일을 생각할 여유가 없네요. 당장은 아이가 고기 냄새를 맡고 들뜬 상태니까요. 일단 치킨집 사장님께 전화를 드렸습니다. 방금 얼굴을 봤는데 바로 전화로 주문을 하려니 조금 머쓱하더군요.

공장식으로 키운 닭을 먹을 때면 이런저런 생각이 듭니다. 죽은 닭에게도 산 닭에게도 미안한 일이지요. 하지만 또 공장식 축산이 없다면 닭고깃값은 어떻게 될까요. 가난한 사람들은 고기를 먹을 수 있을까요. 당장 치킨집 사장님들이 어떻게 될지도 걱정입니다. 생각이 꼬리를 무는 사이 어느덧 치킨이 도착했습니다. 공장식 축산이 없어지면 생길 문제에 대해서는, 다음 글에서 좀 더 고민해봐야겠군요.

먹히는 자에 대한 예의

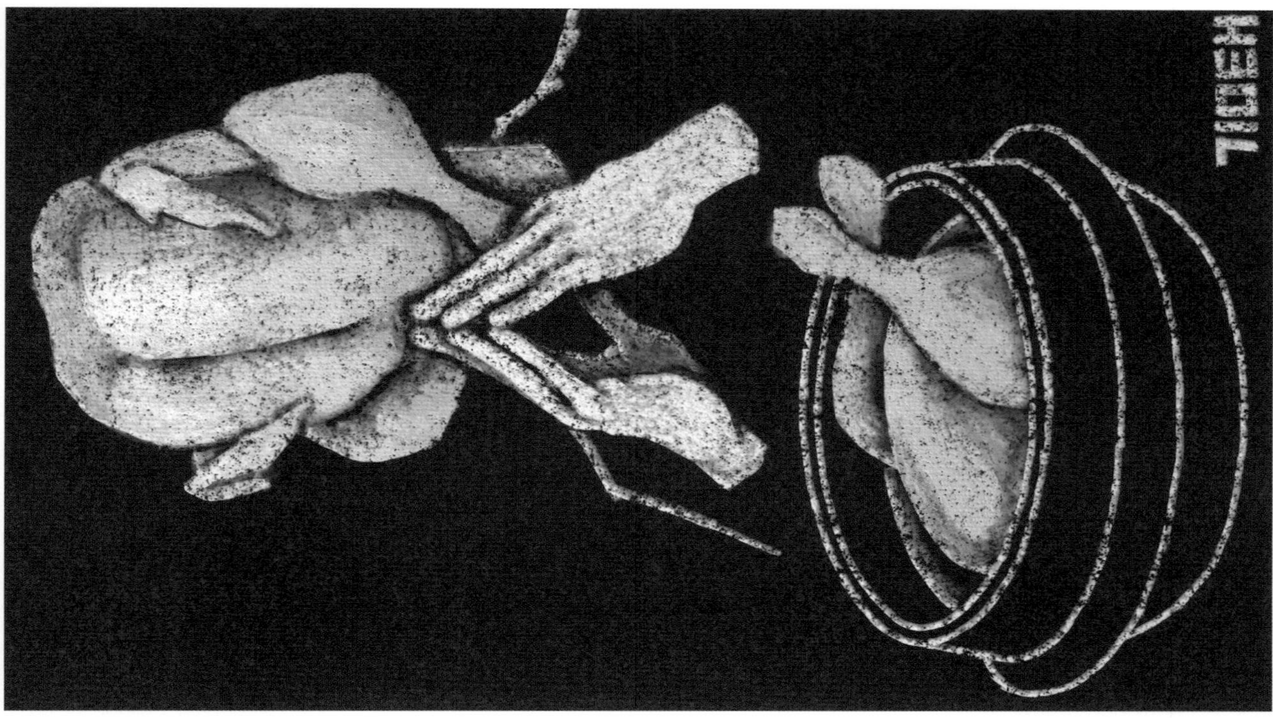

한 달을 사는 닭과
한 달 보름을 사는 닭

"이 집의 백숙은 이상하게 맛있어요. 닭 자체의 맛이 다른 걸까요?"라는 말씀에 저는 씩 웃고 답했습니다. "그럴 수 있죠. 보통 우리가 먹는 닭은 태어난 지 30일께 도축된 병아리예요. 껍질의 기름 맛으로 먹는 셈이죠. 그런데 보름만 더 살아도 닭은 살이 쫄깃해져요. 시골 장터에서 먹는 닭의 맛이 다른 것도 그래서 예요."

'어떻게 그런 것을 아느냐'는 듯 쳐다보는 일행의 눈빛에 우쭐했습니다만, 사실 저도 우연히 알게 된 사실이에요. 오래전 혜화동에서 처음 보는 치킨집에 들어갔다가 세 가지 사실에 놀랐습니다. 사장님의 자부심에 놀랐고, 살코기가 너무 맛있어 놀랐어요(그리고 값이 비싸서 놀랐습니다). 테이블마다 '우리 가게 닭고기 맛의 비밀'이라는 홍보물이 놓여 있었어요. 그때 읽은 내용을 기억해두었다가 잘난 체하며 써먹은 것입니다.

요컨대 닭 맛의 비밀은 보름이라도 더 살렸다가 잡는 것입니다. 그래야 쫄깃한 맛을 내는 이노신산이 많아진다고 합니다. 그런데 보통은 1.5킬로그램밖에 안 나가는 어린 닭을 도축하지요. 영계백숙이나 흔히 먹는 치킨이 껍질은 기름져도 살코기 부분은 퍽퍽한 까닭입니다.

여기서 궁금한 점이 하나 생기네요. 큰 닭이 작은 닭보다 맛있다는 것이 아는 사람은 다 아는 사실이라면, 왜 닭을 오래 살려두지 않을까요? 짐작하시다시피 돈 때문입니다. 달포가 넘어간 닭은 햇병아리보다 사료값도 많이 들고 공간도 많이 차지하죠. 또한 죽기도 잘 죽는다고 합니다. 좁은 곳에 가둬 키웠기 때문이기도 하고, 이른바 '품종개량' 때문이기도 하대요.

닭고기 산업이 거대해지는 바람에 사라진 여러 기회를 생각해봅시다. 우선 닭고기 맛이 변했습니다. 시장 논리가 우리 입맛을 빼앗은 셈이죠. 닭고기의 영양도 줄었습니다. 무게 2킬로그램이 넘는 대형 닭이 1.5킬로그램짜리 일반 닭보다, 넓은 공간에서 풀어 키운 닭이 케이지에 가둬 키운 닭보다 영양가가 높다고 하니까요.

그렇다고 어디 가서 하소연할 상황도 아닙니다. 닭 먹는 사람보다 닭 키우는 사람의 처지가 딱하거든요. 오늘날 양계 농민 대부분은 육계 회사와 계약을 맺습니다. 말이 좋아 계약이지, 실제로는 외주받는 노동자 처지라지요. 2015년 5월 기준으로 마리당 400원을 받고 닭을 회사에 넘기는데, 이마저도 '상대평가'라는 명목으로 종종 값을 깎는다고 합니다. 저도 농업사회학자 정은정 선생님의《대한민국 치킨전》이라는 책을 읽고 알게 된 사실입니다.

물론 잡아먹히는 닭이 제일 딱하기는 하죠. 태어난 지 달포 만에 목숨을 잃는다는 사실을 생각하면 치킨을 먹을 때마다 영 불편합니다.

그런데 여기서 고민이 하나 생기네요. 보름을 더 살린다고 닭이 행복하겠습니까. 사실 닭은 생각보다 오래 사는 동물입니다. 자연 수명은 길면 10년, 짧아도 7년은 넘는대요. 달포 만에 죽이는 일과 보름을 더 살려두는 일, 어느 쪽이 더 잔인한지 저는 모르겠어요. 살아 있는 동안에도 닭은 즐겁지 않을 거예요. 좁은 케이지에 갇혀서 옴짝달싹 못 하고 면역력도 떨어져서 잔병치레를 하다가 도축당하니까요.

아무튼 백숙 먹던 이야기로 돌아갈게요. 잘 먹고 잘난 척하고 일어나다가 우리 일행의 눈은 가게의 반대쪽 벽에 멈추었습니다. 제가 떠든 이야기와 똑같은 내용이 이미 거기 붙어 있더군요. 머쓱했습니다.

먹히는 자에 대한 예의

닭도리탕 또는 닭볶음탕 그리고 살코기

닭도리탕이냐 닭볶음탕이냐. 음식 이름을 둘러싼 격렬한 싸움의 현장입니다. 역사적인 전투 '짜장면 대 자장면의 싸움' 못지않지요(이제 와 고백하자면, 저는 '자장면' 파였습니다. '짜장면'을 밀던 분들은 저를 역사의 죄인처럼 보시더군요). '도리'라는 말이 갈등의 핵심입니다. 닭볶음탕을 미는 쪽은 '도리'란 '새'를 뜻하는 일본어 '토리'라고 주장하고, 닭도리탕을 지키는 쪽은 이 주장이 억지스럽다고 반대합니다.

닭'새'탕이라 부를 이유가 없는데 굳이 일본어 '토리'를 썼을까요. 반면 '토리'라는 단어가 굉장히 익숙한 말이었던 것도 사실입니다. 1980년대만 해도 포장마차에 별 설명 없이 '야키도리'란 메뉴가 차림표에 붙어 있었죠. 한편 '닭볶음탕'이라는 말은 이상합니다. 원래 볶음요리가 아니니까요. 따지자면 탕도 아니고요. 아무려면 어떻겠습니까. 일단 닭아무탕이라 불러볼게요.

그런데 이 음식은 프랑스 음식 코코뱅하고 닮았습니다. 코코뱅은 뭉텅뭉텅 닭을 잘라 포도주로 졸인 요리죠. 당근과 감자를 잘라 넣어 푹 졸인 맛이 의외로 비슷해요. 코코뱅의 검붉은색과 닭아무탕의 붉은 국물도 어두운 부엌 불빛 아래에서 보면 닮았고요. 둘이 닮은꼴이라는 사실을 발견하고는 제가 독창적인 생각을 한 줄 알고 제법 우쭐했습니다. 그런데 찾아보니 비슷한 생각을 하는 분이 제법 있으시더라고요. 아쉽네요.

양념은 다르지만 찜닭도 비슷한 맛이 납니다. 단맛과 짠맛이 강하지만 사실 매운 음식이기도 하죠. 고추와 마늘을 듬뿍 넣으니까요. 한때 인터넷에서 화제를 모으던 '콜라 닭'도 있습니다. 코코뱅에서 포도주를 빼고 콜라를 넣었다고나 할까요. 직접 먹어봤어요. 코코뱅과 콜라 닭은 딱 와인과 콜라만큼 차이가 나더군요(고백하자면 저는 와인을 선호합니다).

닭을 조릴 때는 탄수화물을 곁들여야 제맛입니다. 당면이 없는 찜닭은 생각하기 힘들 정도죠. 달고 짠 당면이 먹고 싶어 찜닭을 먹는 날도 있으니까요. 무엇보다도 닭아무탕이든 찜닭이든 코코뱅이든 감자가 들어가야 합니다. 제주에서는 감자를 지슬이라 부르는데, 뭍의 감자보다 맛이 진해요. 그래서인지 제주시에서 먹어본 닭아무탕이 제일 맛있었습니다. 뭍과는 달리 김도 잘라 넣어주었는데, 국물과 김과 밥을 비벼 먹으니 궁합이 좋더라고요.

닭아무탕이나 코코뱅에는 가슴살 같은 몸통 부위도 많이 들어갑니다. 살코기가 맛있어야 요리도 맛이 있지요. 닭의 살코기 맛을 따지다 보면 공장식 사육 이야기를 하지 않을 수 없고,

결국 동물권이라는 주제를 건드리게 됩니다. 우리 대부분은 닭고기를 즐기지요. 그런데 닭도 조금이나마 덜 불행하고 인간도 닭고기를 더 맛있게 먹을 사육 방법이 있어요. 방목하여 키우면 됩니다. 문제는 비용이에요. 닭값이 오르면 닭고기를 즐길 수 있는 사람은 확 줄어들 겁니다.

먹히는 자에 대한 예의

착한 듯 착하지 않은 듯 '착한 치킨'

아이에게 요즘 이런저런 말을 가르칩니다. 그런데 "착한 아이가 되어야지"라고는 쉽게 말하지 못하겠어요. 착하다는 것은 무슨 뜻일까요? 잘 모르겠습니다. 나부터 모르는데 뭐라고 가르칠까요.

예를 들어 "치킨이 착하다"라는 말은 무슨 뜻일까요? 한때 우리는 값이 싸고 양이 많은 치킨을 "착한 치킨"이라고 불렀습니다. 비싼 치킨전문점을 악당 취급하는 사람도 있었죠. 돈을 적게 내고 많은 고기를 뜯는 것을 선량한 시민의 정당한 권리처럼 생각했던 거죠. 하지만 '착하다'란 '값이 싸다'는 뜻일까요? 이것으로 충분할지요?

소비자가 쓰는 돈을 줄이면 중간의 누군가는 제값을 받지 못할 가능성이 큽니다. 이른바 '후려치고 쥐어짜는 구조'라는 거죠. 저는 비슷한 품질이면 싼값을 선택하는 소비자를 탓할 생각은 없습니다. '갑질 논란'을 빚는 프랜차이즈의 회장과 일가친척을 위해 변명할 생각은 더욱더 없고요. 하지만 가맹점주나 배달원을 비난하는 글은 마음이 불편하더군요. 유통가격을 내리기 위해 가맹점은 한 마리라도 더 팔아야 하고, 시간에 쫓기는 배달원은 목숨을 걸어야 합니다. 지금처럼 벌금을 물리기 전에는 헬멧도 쓰지 않고 오토바이를 달렸지요. 생산원가를 내리기 위해 양계 농가가 짊어지는 피 말리는 부담에 대해서는 앞서《대한민국 치킨전》을 인용하며 언급한 적이 있습니다.

비용을 낮추는 일은 닭에게 못 할 짓이기도 합니다. 동물권에 대해 찬성하건 반대하건, 공장식 축산에 대해 보고 들은 사람이라면 닭고기를 먹을 때 마음이 편치는 않을 겁니다. 육계 대부분은 비좁은 곳에서 스무하루를 살고 도살됩니다. 산란계는 서로 쪼지 말라고 부리가 썩둑 잘립니다. 조류인플루엔자가 돌면 구덩이에 떼로 파묻히고요.

사정이 이러하니 가격이 싸다고 '착한 치킨'이라 말하기 불편합니다. 그럼 동물학대를 하지 않고 닭을 키운다면? 소비자가 돈을 더 내더라도 생산자에게 제값을 준다면? 이른바 '윤리적 소비'가 나온 배경이죠. 게다가 시간을 들여 운동을 시키며 키운 닭은 스무하루만 키운 공장식 닭보다 살코기의 맛도 좋습니다. 그런데 이것으로 충분할까요?

옛날에 닭은 사위가 인사를 오면 잡아주는 귀한 고기였죠. 돼지는 마을 잔치 때나 먹던 고기였고요. 달걀프라이도 좀 산다는 집에서나 먹는 반찬이었습니다. "옛날 사람들은 고기 귀한 줄을 알았다"고 말할 수도 있겠지만, 사실은 아무나 아무 때에 고기를 먹지 못했다는 의미입니다. 고기를 먹는 것이 신분의 상징이 되어버린다면? 조선 후기에 나온《청성잡기(靑城雜記)》는 연한 고기를 찾아 병아리를 잡아먹다가 결국 집안이 망한 옛날 권신들을 소개합니다. 식도락으로 부와 권력을 과시하는 사람은 그러지 못하는 사람들의 원한을 사지요.

뾰족한 수가 없네요. 키우던 닭을 숲에 풀어줄 수도 없습니다(곰의 식용이 금지된 이후 곰 사육 농장의 곰이 겪는 고통에 대해 뒤에서 소개하겠습니다). 저는 앞으로도 동네에서 치킨을 사 먹을 테고, 나중에 아이한테는 "착하게 굴면 치킨을 사주겠다"고 꼬드기겠지요. 물론 닭에게도 사람에게도 미안한 마음을 품고 말이지요. 지금의 공장식 축산이 잘못되었다는 생각도 계속할 거고요. 지금처럼 글을 통해서도, 아이와 대화하면서도 꾸준히 이런 이야기를 할 겁니다. 미안한 마음이 잊히지만 않아도 세상이 나아질 것처럼 말이에요. 그런데 정말, 이것으로 충분할까요?

먹히는 자에 대한 예의

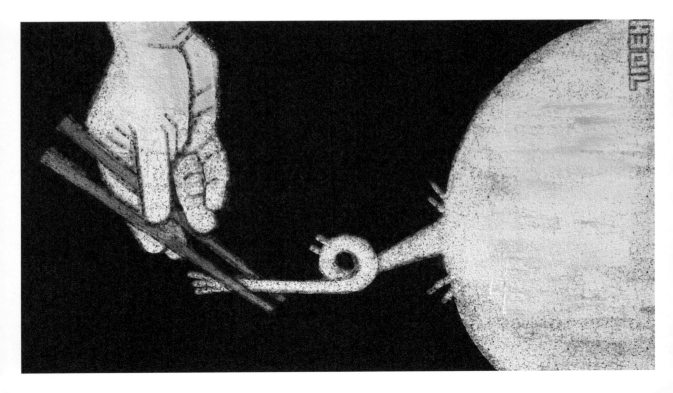

닭이 닭을, 돼지가 돼지를 물어뜯는 세상

닭고기에 관해 말씀드리다가 갑자기 돼지 꼬리 이야기를 드려야겠네요.

제가 돼지 꼬리를 처음 먹어본 곳은 제주 시내의 순댓집이었어요. "이게 뭔가요?" "돼지 꼬리 수육이오." 사장님은 아무 일도 아니라는 듯 대답했어요. 맛은 독특했지만 사람 손가락을 물어뜯는 것 같아 살짝 불편한 느낌도 있었어요.

나중에 서울 낙성대에 있는 스페인 식당 '엘 따뻬오'에서 서양식으로도 먹어봤어요. 돼지 꼬리를 당근처럼 얇게 썰어 튀긴 후 굵은소금을 뿌려 뜨거운 상태로 내오더군요. 맥주 안주 느낌인데, 가끔 털이 그대로 달린 꼬리 조각이 나와 당황스럽기도 했어요.

돼지 꼬리 달린 아이가 등장하는 문학작품도 있습니다. 가브리엘 가르시아 마르케스의 걸작 《백 년 동안의 고독》에서 돼지 꼬리는 중요한 상징이지요. 마르케스는 '마술적 사실주의'로 유명한 작가로, 그의 작품에는 실제로 있을 법한 일과 허구임이 분명한 일이 뒤엉켜 등장합니다. 그런데 〈라틴아메리카와 카리브해에서의 상상력과 예술적 창조〉라는 글에서 마르케스 자신은 마술적 사실주의에 대해 다음과 같이 너스레를 떱니다. 제3세계인 라틴아메리카에서 일어나는 일은 진짜로 일어난 일이라 하더라도, 멀리 유럽의 제1세계 사람에게는 거짓말처럼 보인다는 거죠.

반면, 있을 법하지 않아 지어낸 거짓말이 머나먼 나라에서는 사실로 일어나기도 한대요. 마르케스는 소설에 왜 하필 돼지 꼬리를 달고 태어난 사람 이야기를 넣었을까요. 가장 있을 법하지 않은 일이라고 생각해서 그랬다고 합니다. 그런데 소설을 읽은 어느 독자가 돼지 꼬리를 달고 태어난 여자아이의 사진을 보내왔대요. 수술로 꼬리를 제거하고 잘 살고 있다나요. 바로 이곳, 한국의 서울에서요. 하긴, 마르케스 쪽에서 보면 한국이야말로 지구 반대편에 있는 머나먼 나라니까요.

마르케스의 여느 작품처럼 이 이야기 역시 사실 같기도 하고 거짓말 같기도 합니다. 사실과 허구의 구별은 생각처럼 뚜렷하지 않을지도 모르겠네요. 돼지와 사람, 먹는 쪽과 먹히는 쪽의 구분도 그렇고요.

한편 돼지 꼬리에 대한 불편한 진실도 있습니다. 많은 돼지들이 태어난 지 열흘 안에 꼬리와 송곳니가 잘린다는군요. 비좁은 우리에 갇혀 스트레스를 받다가 서로의 꼬리를 물어뜯기 때문이래요. 돼지 꼬리는 공장식 축산의 참상을 보여주는 상징이기도 하네요.

돼지 꼬리를 자르거나 마취 없이 거세하는 일을 막기 위해 정부는 '동물복지 양돈농장 인증제도'를 2013년부터 시행했습니다. 이듬해 첫 인증농장이 등장했고요. 그러나 참여하는 농장이 아직 적습니다. 동물복지 기준에 맞춰 사육하더라도 기준에 맞는 방식으로 도축하고 인증마크를 붙인 다음 시장에 유통시키는 일이 쉽지 않아요. 비싼 값을 내고 소비자들이 선택할지도 아직 의문이고요. 앞으로 "가난한 사람은 돼지고기도 먹지 말란 말이냐"는 볼멘소리도 나올지 몰라요.

치킨 이야기를 하다가 돼지 꼬리로 주제가 넘어간 것도 이 때문입니다. 공장식 축산에서는 닭 역시 스트레스를 받아 부리로 볏을 서로 물어뜯으며 상처를 낸다고 합니다. 좁고 비위생적인 케이지 안에 있으니 상처는 감염되기 일쑤고요. 그래서 항생제를 사료에 섞어 먹이거나 병아리 때 부리를 잘라버리는 방식이 동원되던 시절도 있었대요. 닭 역시 좋은 환경에서 자라면 이런 일을 겪지 않겠지만 이번에도 문제는 돈입니다. 닭고기 값이 치솟으면 사람들은 어떻게 반응할까요.

'동물복지에 마음 쓰는 육식'이란, 말처럼 쉬운 일은 아닌 듯합니다. 그러나 돼지가 꼬리를, 닭이 볏을 물어뜯는 세상은 어떤 세상일까요. 그런 세상에서 인간이 돼지고기와 닭고기를 마음 편하게 즐긴다는 것도 이상하지 않나요.

공룡고기와 매머드고기는 어떤 맛이었을까요? 세계적으로 유명하다는 한국 음식 '코고'의 정체는 뭘까요? 곱창의 '곱'은 무엇을 뜻할까요? 6장은 육식에 대한 이런저런 호기심을 푸는 장입니다.

궁금한 주제에 대한 데이터 글쓰기도 시도해보았어요. 검색어 트렌드를 찾아보기도 하고, 사람들이 올린 수백 수천의 의견을 웹에서 크롤링하고 R로 분석하여 호기심을 풀어보려 했습니다. 아직은 걸음마 단계지만요.

얼핏 6장이 쉬어가는 대목처럼 보일지도 모르겠네요. "먹히는 자를 잊지 말자"는 불편한 주제를 잠시 벗어나는 것처럼요. 그러나 고민은 여전히 반복됩니다. 감출 수는 있어도 사라지게 할 수는 없는 문제들이거든요. 인간이 남의 살을 먹는 이상 말이죠.

6장

고기고기에 대해 알고 싶은 것들

먹히는 자에 대한 예의

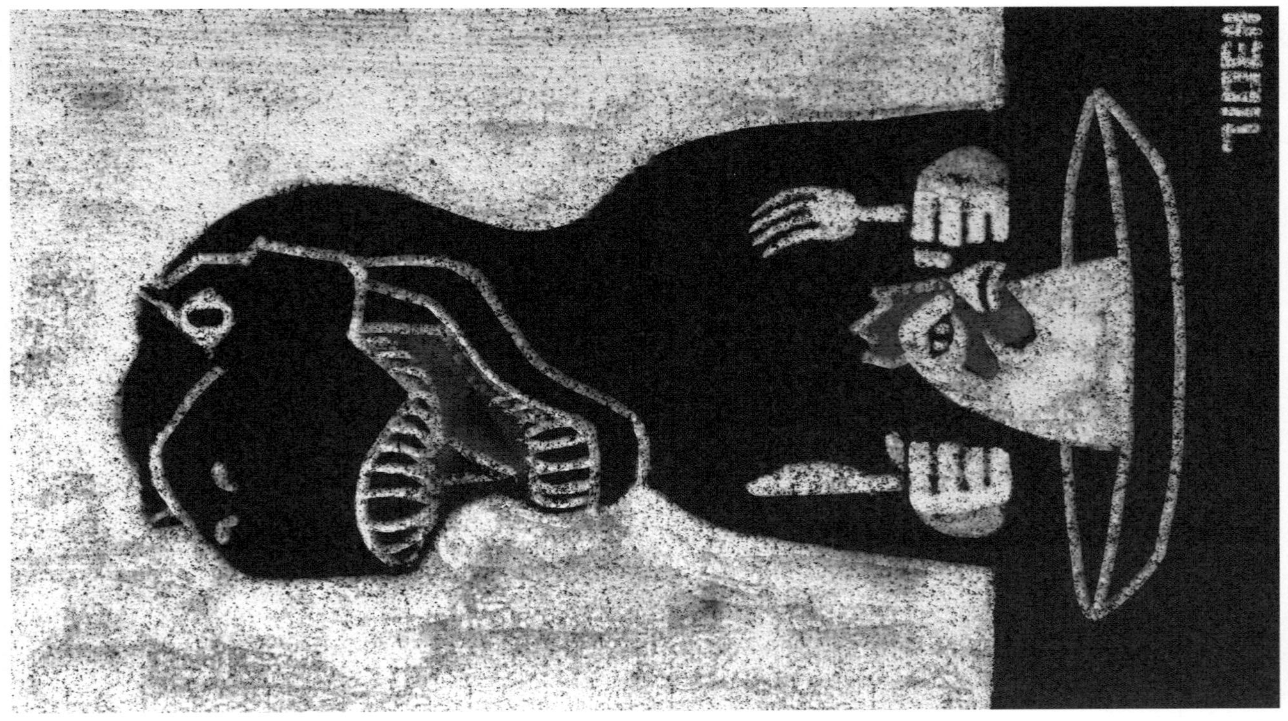

공룡을 먹느냐
공룡에 먹히느냐

공룡고기, 드셔보신 분?

옛날에 '용'을 먹었다는 사람의 기록은 있습니다. 중국 하(夏)나라 임금인 공갑(孔甲)이 용 한 쌍을 얻어 유루라는 사람에게 돌보라고 맡깁니다. 아마 파충류의 일종이었겠죠? 아무튼 유루는 사육 솜씨가 엉망이었나 봐요. 얼마 지나지 않아 용의 암컷이 죽었거든요. 유루는 그 사실을 숨긴 채 용의 고기로 젓갈을 담가 공갑 임금의 식탁에 올립니다(나중에 들통나게 되자 달아났다나요).

매머드는 지금도 먹을 수 있습니다. 빙하기에 죽은 매머드들이 얼음 속에 갇혀 있거든요. 1951년에 미국의 루스벨트호텔에서 매머드 만찬 파티도 열었대요. 맛은 별로였다네요. 최근 매머드를 먹어본 러시아 동물학자의 말에 따르면 "끔찍했다. 냉동실에서 오래 묵은 고기 같았다"고 해요. 그럴 만하죠, 25만 년을 묵었으니까요.

하지만 공룡은 달라요. 남은 살코기가 없거든요. 공룡 화석을 처음으로 연구해 메갈로사우루스를 발견한 영국의 과학자 윌리엄 버클랜드는 이 사실이 안타까웠을 거예요. 생쥐 튀김, 표범 고기, 캥거루 햄 등 버클랜드는 연구 대상을 직접 먹어봐야 직성이 풀렸거든요. 프랑스 임금의, 미라가 된 심장이 전시된 것을 보더니 "내가 온갖 고기를 맛보았지만 왕의 심장은 먹어본 적이 없다"며 한입 먹어보겠다고 덤비는 통에 주위 사람이 기겁해서 뜯어말렸대요. 왕성한 호기심 때문에 식인종이 될 뻔했네요.

공룡을 대중문화로 처음 끌어들인 사람 중 하나는 영국의 소설가 코넌 도일('셜록 홈스' 시리즈를 쓴 그 사람이 맞아요)입니다. 코넌 도일의 소설인《잃어버린 세계》에서 탐험가들은 인간과 공룡이 함께 사는 두메산골에 도착합니다. 그런데 코넌 도일도 공룡을 먹어볼 궁리부터 했나 봐요. 소설 속 잃어버린 세계의 주민들이 이구아노돈고기를 주식으로 먹고 산다고 썼거든요. 대중문화에서도 공룡은 고기부터 등장한 셈이죠.

그런데 이토록 궁금한 공룡고기의 비밀을, 현대 과학이 밝혀낸 것 같습니다. 몇 해 전에 과학자들은 티라노사우루스의 뼈에서 화석화되지 않은 연조직을 찾아냈대요. 단백질과 유전자를 분석해보니 새와 무척 가깝더라는 겁니다. 외국 언론들은 "공룡고기는 치킨 맛"이라며 너스레를 떨었지요.

하지만 과학 저술가 브라이언 파머는 "닭고기 맛이라 단언할 수 없다"고 주장합니다. "고기의 맛은 수많은 요소에 의해 결정"되는 만큼, 공룡고기도 부위마다 맛이 달랐을 거래요(생각해보면 닭고기도 마찬가지네요).

과연 공룡의 맛은 어땠을까요? 젊은 공룡학자 박진영 선생님에게 물었더니 다음과 같은 답을 보내주었어요. "공룡의 종류에 따라 달랐을 거예요. 진화적 관계가 가까울수록 고기 맛도 닮았다고 합니다. 벨로키랍토르나 티라노사우루스는 새와 가깝기 때문에 칠면조 또는 닭과 비슷한 맛이 났을 겁니다. 반면 이구아노돈 같은 공룡은 오히려 악어 같은 맛이 났겠죠."

어쩌면 공룡고기 맛을 가장 잘 아는 이는 육식 공룡이 아닐까 싶네요. 미야니시 다쓰야의 그림책 《고 녀석 맛있겠다》의 주인공은 배고픈 티라노사우루스입니다. 티라노사우루스는 알을 막 깨고 나온 안킬로사우루스를 보고 "고 녀석 맛있겠다"고 외치며 달려들지요. 그런데 꼬마 안킬로사우루스는 그런 티라노사우루스를 "아빠"라고 부르며 따릅니다. 티라노사우루스는 애틋한 마음이 들어 차마 꼬마를 잡아먹지 못하고요.

물론 실제 티라노사우루스라면 달랐겠죠. 티라노사우루스는 언제나 배고픈 육식 공룡이니까요. 티라노사우루스의 화석에서는 종종 티라노사우루스의 이빨 자국이 발견됩니다. 왕성한 식욕 때문에 동족을 잡아먹는 공룡이 되어버린 것은 아닐까요.

인간은 어떨까요. 두 가지 마음을 모두 가지고 사는 것 같아요. 동화 속의 티라노사우루스처럼 차마 동물을 먹지 못하겠다는 애틋한 마음도, 화석으로 보는 육식 공룡처럼 가리지 않고 닥치는 대로 먹어치우는 마음도. 어떤 사람은 애틋함이 더 크고 어떤 사람은 식탐이 더 크겠죠. 제게는 두 마음이 모두 있지만 아직은 식욕이 늘 이기고 있네요.

데이터로 보는
꼬치 핫도그와 빵 핫도그

두 가지 핫도그가 있습니다. 1번 핫도그는 나무젓가락 같은 긴 막대에 꽂아 먹는 소시지 튀김 요리이고 2번 핫도그는 빵을 길게 쪼개 소시지를 끼워 먹는 것이에요. 옛날에 저는 막연히 생각했지요. 1번은 한국식, 2번은 미국식이라고요. 그런데 찾아보니 1번도 2번도 미국 음식이라고 하네요. 옥수수 모양으로 생긴 1번을 '콘도그'라고, 2번을 그냥 핫도그라고 부른대요. 정작 미국 사람들은 핫도그가 독일에서 온 음식이라고 생각한다니 흥미롭죠.

편하게 1번을 꼬치 핫도그, 2번을 빵 핫도그라고 부르지요. 한때 빵 핫도그도 인기를 누렸어요. 20여 년 전 편의점에는 소시지가 빙빙 돌아가는 기계도 있었습니다. 계산대에서 빵을 받아다 핫도그를 직접 만들어 먹었어요. 지금은 구경하기 힘듭니다. 동네에 들어왔던 빵 핫도그 전문점도 사라졌고요. 빵 핫도그

싫다는 사람은 못 봤는데 왜 가게는 많지 않을까요.

두 가지 핫도그에 대한 사람들의 생각이 어떤지, 확인해보기로 했습니다. 요즘 인터넷에 음식 리뷰를 올리는 사람이 많죠. '식신'과 '망고플레이트'는 대표적인 맛집 소개 사이트입니다. 여기에 '핫도그 맛집'에 대한 750개의 리뷰가 올라왔습니다. 이 데이터를 분석해 글을 쓰기로 했어요.

그런데 문제가 있습니다. 꼬치 핫도그도 빵 핫도그도 리뷰에는 그저 '핫도그'라는 이름으로 나왔더군요. 어떡할까, 고민하다가 하는 수 없이 인터넷에 올라온 가게 이름과 사진과 메뉴를 하나하나 확인했습니다. 핫도그 말고 같은 가게의 다른 메뉴만 다룬 리뷰는 제외했고요. 그렇게 추려낸 리뷰가 꼬치 핫도그는 346개, 빵 핫도그는 245개였습니다. R로 코딩하여 두 그룹의 리뷰를 분석해보았습니다.

꼬치 핫도그와 빵 핫도그 두 그룹 모두 가장 많이 쓰인 단어는 '핫도그'(당연하겠죠)입니다. 두 번째로 많이 쓰인 단어도 똑같았어요. 바로 '맛있다'. 사람들이 핫도그를 먹을 때는 맛을 제일 중요하게 따진다는 이야기죠. 순위에 차이는 있지만 '저렴하다'라는 단어도 두 그룹 모두 많이 사용했지요. 가격도 중요한 고려 사항이라는 의미겠죠.

그런데 서너 단어를 빼면 리뷰에 자주 사용된 어휘는 겹치는 경우가 없었습니다. 놀랍죠. 꼬치 핫도그도 빵 핫도그도 같은 핫도그라는 이름을 쓰지만 우리 머릿속에는 두 음식이 몹시 다르다는 생각이 있다는 뜻이겠죠.

우선 리뷰에 등장하는 음식 이름들이 달라요. 꼬치 핫도그는 '떡볶이'라는 말과 자주 쓰였습니다. '고춧가루', '매운맛', '쫄깃하다' 등 떡볶이와 연관된 말의 빈도가 높았지요. 반면 빵 핫도그는 '샐러드', '햄버거', '샌드위치', '프라이', '다양하다'는 말과 함께 쓰였고요. 한편 점포와 관련된 말도 달랐습니다. '기다리다', '줄 서다'라는 말은 꼬치 핫도그 리뷰의 빈출 단어였어요. 반대로 빵 핫도그 쪽에 자주 등장하는 말은 '분위기', '깔끔하다', '인테리어', 심지어 '테라스'입니다.

흥미로운 결과입니다. 꼬치 핫도그를 먹을 때 사람들은 불편을 감수하는 듯합니다. '줄을 서서' '기다려가며' 복작거리는 '떡볶이' 가게에서 먹는데도 불평하지 않습니다. 그런데 빵 핫도그를 먹을 때는 바라는 것이 많아요. '깔끔하고' '분위기' 있으며, '인테리어'가 좋은 가게에 '다양한' 메뉴가 나와야 만족합니다. 손님들의 기대에 맞게 빵 핫도그 가게를 내려면 꼬치 핫도그보다 밑천이 많이 들어간다는 이야기죠. 빵 핫도그를 꼬치 핫도그만큼 자주 보지 못하는 이유겠죠. 빵 핫도그를 좋아하는 분이라면 억울해할 이야기일지도 모르겠네요.

kogo

한국을 대표하는 음식 '코고'

혹시 '코고'라는 한국 음식에 대해 들어보셨는지? 들어보지 못한 분을 위해 여기서는 수수께끼의 한국 음식인 '코고'에 대해 파헤쳐보겠습니다.

❶낯설고 신기한 한국 음식: 음식 문화란 원래 그런 걸까요. 한국 사람이 보기에 평범한 한국 음식도 외국 사람의 눈에는 진기한 별미입니다. 예를 들어 한국의 '마늘 수프'는 일본의 유명한 음식 만화《맛의 달인》시리즈의 한국 요리 편에 소개된 음식입니다. 마늘과 고기를 살짝 볶은 다음 물을 붓고 팔팔 끓이다가 '어떤 재료'를 넣으면 완성되는 음식이죠. 정체가 궁금하죠?

같은 음식이 영어권 사이트 '컬처 트립'에도 소개됐습니다. 한국의 '해초 요리' 코너에 김밥과 제주 몸국과 나란히 말이죠. '마늘 수프'에 들어가는 '어떤 재료'란 바로 미역이거든요.

'한국의 마늘 수프'니 '한국의 해초 요리'니, 그 정체는 바로 미역국입니다. 평범한 음식인데 이렇게 보니 얼마나 낯선가요.

❷코고는 얼마나 유명한가: 한국 음식 '코고'에 대한 애정을 과시하는 외국 사람이 인터넷 공간에 제법 많아요. "한국에 가면 코고를 꼭 먹어봐라." "코고 사진만 봐도 배낭 메고 한국에 가고 싶다." "한국 사람들이 미국 사람처럼 차만 타고 걷지 않았다면 진즉에 코고를 먹고 비만이 되었을 거야." 코고의 사진이 7년 전 영어권 사람들이 애용하는 레딧 사이트에 올라왔고 폭발적인 반응을 얻었습니다. 그 댓글을 모아봤어요.

그런데 문제는 정작 한국 사람은 코고를 모른다는 사실입니다. 저도 최근에 처음 들었거든요. 외국에서는 알 만한 사람은 아는 한국 음식인데 말이죠. 그래서 묻습니다. "코고란 무엇인가?"

❸모르는 사람이 없는 코고의 정체: 인터넷에서 영어로 '코고(kogo)'의 사진을 검색하면 확인하실 수 있습니다. 바로 우리가 잘 아는 감자 핫도그입니다. 소시지에 튀김옷과 깍둑썰기한 감자를 둘러 튀겨낸 꼬치 핫도그. 너무 익숙한 음식이라 실망하신 독자님도 계실 것 같네요.

❹코고라는 이름의 유래: 그렇다면 어쩌다 감자 핫도그가 지구 반대쪽에서 코고라는 이름을 얻게 되었을까요? 저는 이런 엉뚱한 생각까지 해보았습니다. "옛날 표기법에 따르면 한국어 '고기'를 'kogi'라고 썼다. 앞의 기역은 무성음(k)이고 뒤의 기역은 유성음(g)이기 때문이지. 요즘은 구별하지 않는 추세지만. 그렇다면 코고 역시 '코기(고기)' 음식이라 코고가 되었을까? 아니,

그럴 리는 없겠지."

밤새 영어 자료를 뒤졌습니다. 그리고 마침내 알아냈어요. 빵 핫도그는 미국식이고 꼬치 핫도그는 한국식이라 생각하는 경우가 많지만 사실 꼬치 핫도그, 즉 콘도그의 기원도 미국이라는 사실을 앞서 확인했지요. 캐나다에는 유명한 콘도그 브랜드가 있는데 바로 '포고(Pogo)'입니다. 우리가 아는 길쭉한 놀이기구 '스카이콩콩'의 이름이 영어권에서는 '포고 스틱'입니다. 한국식 핫도그니까 '코리안 포고', 즉 '코고'가 되었다는 것이 정설이더군요. 캐나다 몬트리올에서 감자 핫도그를 코고라고 불렀고, 한국의 감자 핫도그 사진이 주목받으면서 이 이름이 퍼졌습니다.

어쩐지 좀 얄궂은 기분이 드네요. 한정식이며 비빔밥이며 닭강정이며 떡볶이며, 개성 넘치는 한식을 외국에 알리기 위해 그동안 많은 사람이 노력했어요. "가장 한국적인 것이 가장 세계적인 것"이라는 말이 사실이기를 기대하며. 그런데 정작 해외에서 '대박'이 터진 것은 '감자 핫도그'였네요.

803274309
?/TREND

추억 속 냉동 삼겹살과 데이터 속 삼겹살

냉동육 대 냉장육. 흥미진진한 주제입니다. 영양 차이는 별로 없대요. 안전성에 대해서는 논란이 좀 있죠. 오래 묵은 냉동육을 신선한 척 속여 팔면 어쩌나 걱정하기도 합니다. 반면 다른 나라에서 수입해 식탁에 오를 때까지 며칠이 걸린다면 차라리 냉동육이 안전하다고도 하고요. 고기 자체보다 고기 유통에 대한 신뢰의 문제입니다.

그렇다면 맛의 차이는요? 문제는 숙성과 육즙입니다. 냉장 상태에서는 숙성이 진행되지만 냉동 상태에서는 그렇지 않습니다. 긴 숙성 기간이 필요한 소고기는 냉동육이 불리하겠네요. 한편 육즙은 어떨까요. 고기가 얼었다 녹을 때마다 그 안의 작은 물방울의 부피가 변합니다. 수도관 동파와 같은 원리죠. 이 과정에서 살코기의 미세한 조직이 파괴되며 육즙이 흘러나온다고 합니다. 냉동실에 들어갔다 나온 카레나 찌개가 더 맛있는 이유입니다. 하지만 고기구이에는 불리한 점이겠죠(해동을 기다리는 '냉동인간'에게도 좋은 소식이 아닙니다).

그래서 냉동 삼겹살만의 조리법이 발달했다고 합니다. 육즙이 달아나면 큰일이니 철판에 은박지를 두르고 고기를 빈틈없이 빼곡하게 덮습니다(소싯적에 은박지 위에 고기를 띄엄띄엄 올렸다가 지금은 사라진 '소문난 돼지구이' 사장님한테 혼난 추억이 있어요). 석쇠구이와 달리 불판에 고인 육즙과 기름으로 고기를 살짝 삶는 느낌입니다.

물론 냉장 돼지고기를 좋아하는 사람도 많습니다. 육즙을 잃을 걱정이 없으니 두꺼운 고기를 밑이 뚫린 불판 또는 석쇠에 올리거든요. 제주에서 유행하던 '돈사돈(제주도에 위치한 바비큐 전문점)'의 두꺼운 근고기는 본토에 상륙하여 삼겹살의 개념을 바꿔놓았지요.

냉동 대 냉장, 취향의 문제 같습니다. 냉동 삼겹살 가게를 다녀온 후에 "1980년대 콘셉트의 고깃집이라는 이유만으로 충분히 방문할 만했다"고 적은 백문영 음식 칼럼니스트의 말처럼, 추억의 몫도 크겠죠.

"요즘 트렌드는 냉동 삼겹살"이라며 창업을 권하는 말이 있어서, 궁금한 생각에 빅데이터를 찾아보았어요. 재미있게 읽은 《모두 거짓말을 한다》에서는 '구글 트렌드'를 통해 미국 사회를 들여다보더군요. 여기는 한국이니 '네이버 데이터랩'의 검색어 트렌드를 이용해보았습니다.

주제어 '냉동 삼겹살'은 완만한 상승 가운데 눈에 띄는 두 번의 피크를 보여주었습니다. 첫 번째는 2016년 7월 중순. 무슨 일이 있었나 찾아봤더니 이 무렵 〈수요미식회〉에 냉동 삼겹살 가게가 등장했더군요. 그러나 추세에 영향을 주지 않고 하루 이틀 만에 이전의 지수로 돌아갔습니다. 두 번째는 2017년 2월 12일. 이날 '냉동 삼겹살'이라는 말의 검색 지수가 평소의 열 배 가까이 솟구치면서 최고 기록을 찍습니다. '삼겹살'이라는 주제어의 검색 지수를 넘어설 정도였지요.

2017년 2월 초, 구제역 발생으로 돼지고기 사재기 우려에 대한 보도가 나왔습니다. 검색 지수가 치솟은 것은 그 직후의 일이고요. 축산유통종합정보센터의 누리집에서 날짜별 돼지고기 가격을 확인해봤습니다. 이 무렵 소비자 가격이 출렁인 것은 사실이더군요. 이날 사람들이 냉동 삼겹살을 검색한 것은 고깃집에 가기 위해서는 아니었나 봅니다.

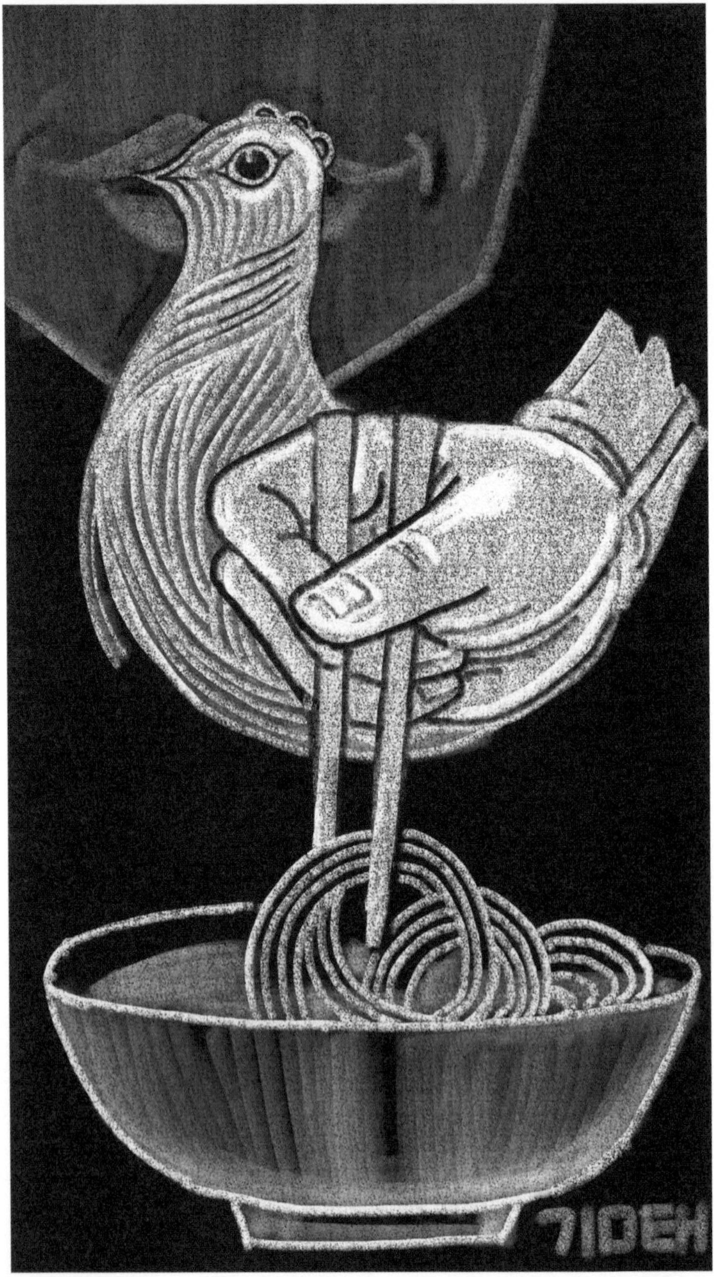

먹히는 자에 대한 예의

초계탕의
'계'란 무엇인가

여름철 보양 음식에는 세 가지 조건이 있습니다. 우선 몸에 좋아야겠죠. 둘째, 입맛을 돋워야 합니다. 셋째, 더위를 잊게 해주면 좋겠어요. 땀을 쏙 빼는 이열치열 음식이건, 머리가 아플 정도로 차가운 음식이건 말이에요. 예를 들어 복날의 대표 과일인 수박은, 첫째로 수분을 보충해주고 둘째로 단맛이 입에 맞고, 셋째로 차갑게 먹기 좋습니다.

여름 보양식으로 유명한 초계탕의 의미를 두고 말이 많아요. 가운데 글자인 '계'는 무슨 뜻일까요? '겨자를 뜻하는 방언'이라는 설도 있지만, '닭 계(鷄)'라는 해석이 맞을 것 같습니다. 겨자보다 닭이 비싸고 손도 많이 가잖아요. 보양식의 첫째 조건인 영양을 담당하는 닭가슴살을 삶아 가늘고 길게 찢습니다.

'초(醋)'는 물론 식초라는 뜻입니다. 찢어놓은 닭가슴살을 새콤달콤한 국물에 넣어 입맛 없는 사람도 먹을 수 있게 만듭니다. 보양 음식의 둘째 조건도 충족시키죠.

신맛과 닭 요리는 궁합이 좋습니다. 깐풍기나 '레몬소스 닭고기'처럼 중국 요리에서도 자주 보는 조합이죠. 그런데 이 음식들은 식기 전에 먹는 더운 요리들이지요. 반면 초계탕은 차가운 국물에 국수를 말아 먹어요. 살얼음이 낀 초계탕 국물은 보양 음식의 셋째 조건인 더위를 잊게 하는 비법입니다.

닭고기, 새콤달콤함, 차가움. 그러고 보니 산둥 요리인 '샤오지'도 비슷한 조합입니다. 한자로는 소계(燒鷄). 샤오(燒)는 '구울 소', 한자만 보면 '구운 닭'처럼 보이죠. 저도 그런 줄 알았는데, 〈한겨레〉 박미향 기자님이 중국 요리책을 보면 '샤오'는 튀겼다가 삶는 방법으로 소개된다고 일러주셨어요. 영어권 사람들은 (중국식) '로스트 치킨'이라고 부르나 봐요. 가끔 한국에서 '냉채닭'이라고 소개되기도 하는데, 한국식 닭냉채와는 다른 음식입니다. 해파리냉채 소스에 해파리 대신 가늘게 찢은 닭이 들어가는 닭냉채는 초계탕과 비슷한 음식이니까요.

샤오지는 해파리냉채보다 오향장육과 닮았어요. 큼직큼직하게 썬, 구운 닭에 국물 소스를 촉촉할 정도로만 뿌려서 차갑게 내지요. 여기에 오이와 고수를 왕창 얹어 먹습니다. 그래서 호오(好惡)가 갈리기도 하지만요. 오향장육과 달리 식감은 보들보들해요. 서울 연남동의 '향미'와 '하하'에서 인기 메뉴이기도 합니다.

샤오지와 초계탕을 굳이 비교하면? 껍질을 먹는 방식이 다릅니다. 샤오지는 껍질이 일품이에요. 진갈색으로 구운 닭 껍질은 '베이징오리'처럼 바삭하지는 않지만, 소스가 밴 야들야들한 맛은 새콤달콤하고 고소하기까지 합니다. 반면 초계탕에는 껍질이 들어가지 않습니다. 그 대신 초계국수로 유명한 서울 명동의 '평래옥'에는 따로 껍질 무침 메뉴가 있어요.

옛날에 텔레비전에서 교외의 어느 유명한 초계탕 집 앞에 닭의 석상이 서 있는 모습을 보았습니다. "우리 가게 손님을 위해 성수기에는 하루 수백 마리의 닭이 목숨을 잃는다. 그들의 넋을 달래기 위해 석상을 세웠다"고 밝히는 사장님. 우리는 닭을 마치 인간의 영양 보충을 위해 존재하는 생명체처럼 여기지요. 하지만 단백질을 위해 우리가 꼭 고기를 먹어야 하는 것은 아니며, 현대인은 이미 충분한 영양을 섭취하고 있다는 지적도 나옵니다. "닭아, 네가 맛있어서 우리 인간은 네 생명을 빼앗는 거야"라고 인정하기가 미안해서 우리는 자꾸 영양을 핑계 삼는 것일지도 모릅니다.

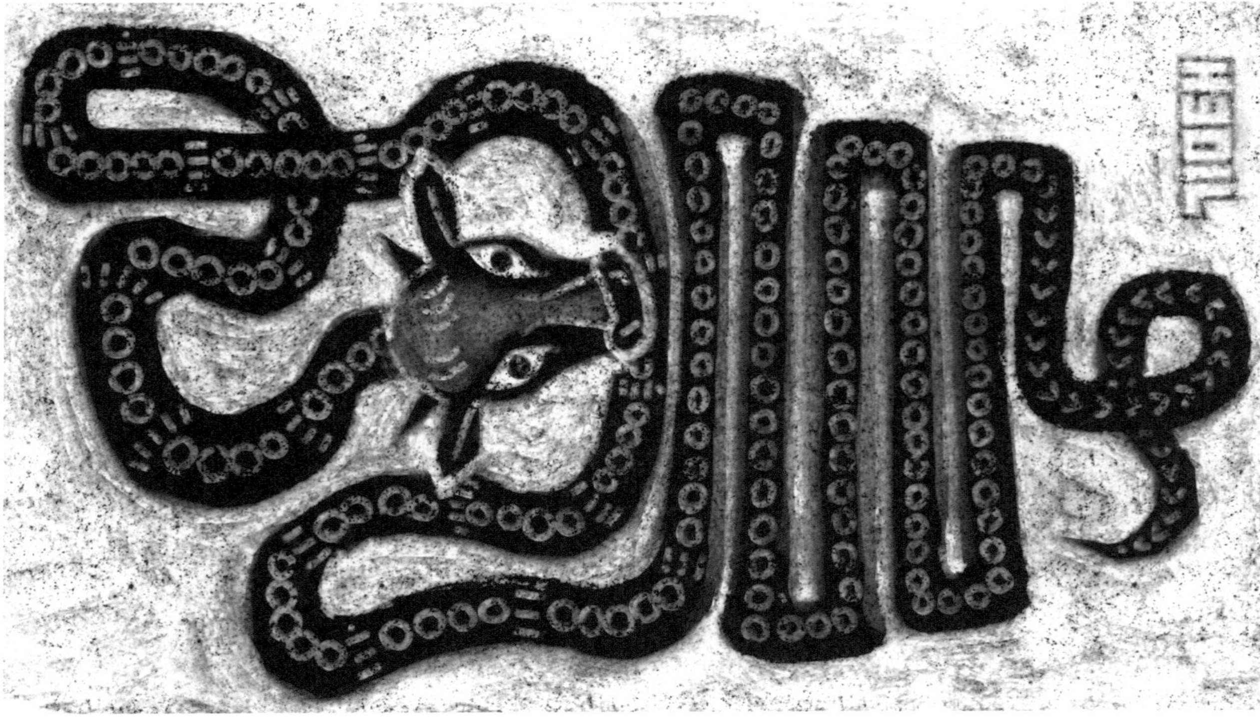

곱창의 '곱'이란 무엇을 의미하는가

20년 전, 학생 시절. 친구들과 '낙성곱창'이라는 가게를 자주 찾았습니다. 주머니 사정이 넉넉지 않던 시절이었지만 맛있는 걸 어떡합니까. 굶을 때 굶더라도 사 먹어야죠. 우울한 지식인의 포스를 풍기던 사장님이 전에 어떤 일을 하시던 분인지 여전히 궁금합니다. 사진 속의 김수영 시인 같은 표정으로 늘 묵묵히 곱창을 잘라주셨는데, 하루는 무겁게 입을 열더니 '곱창예찬론'을 설법하셨지요.

우선 "곱창은 초식동물에게서 가장 맛있는 부위"라는 것이었습니다. 근거는 "사자가 영양을 사냥한 다음 제일 먼저 배를 열고 곱창을 먹는다"는 점이었죠. 정말? 제가 알기론 호랑이나 사자의 사냥 습관이 원래 그렇다던데요. 이빨로 목을 물고 발톱으로 배를 찢는 이유는 먹잇감의 숨통을 확실히 끊기 위해서죠. 악어의 경우에는 입에 문 채 물로 들어가 먹잇감을 죽인다고 하니까요(물론 사장님 앞에서 그 말을 하진 않았습니다).

다음으로 "곱창이 맛있는 까닭은 곱창 안에 낀 '곱'이라는 물질 때문"이라는 겁니다. 우리가 처음 듣는 이야기에 당황하자 사장님은 심각한 얼굴로 덧붙였지요. "곱창이라는 단어가 곱과 창을 합한 말이오." 벌써 20년 전의 일입니다. 그때부터 곱의 정체는 제게 수수께끼였습니다.

대창(큰창자) 안에 든 물질이 무엇인지는 알겠어요. 큰창자를 씻을 때는 겉과 속을 뒤집어서 빡빡 닦아낸다지요. 그래서 대창구이의 '알맹이'는 원래 창자 밖의 뱃가죽 안쪽에 끼어 있는 지방 덩어리입니다. 육식이란 남의 살을 내 살로 삼는 일이거니와 이 경우는 소의 복부비만을 우리 배에 옮기는 일이랄까요.

그런데 곱창(작은창자) 안에 든 곱의 정체에 대해서는 여러 설이 있습니다. ❶기름? ❷소화액? ❸혹시 반쯤 소화된 사료(으윽)?《표준국어대사전》을 찾아봐도 곱의 뜻은 다양합니다. 좋은 의미들은 아니더군요. ❹"지방이 엉겨 굳어진 것"일까요? ❺"눈곱"이라고 할 때의 곱은 아니면 좋겠네요. 결론은 유보.

프랑스 르네상스 문학의 고전《가르강튀아와 팡타그뤼엘》은 아버지와 아들 2대에 걸친 유쾌한 거인 영웅의 모험담입니다. 먹고 마시는 이야기가 가득하죠. 거인 가르강튀아는 탄생도 비범합니다(네, 엽기적입니다). 어느 대학 입시에도 출제되는 바람에, 읽어보신 분들도 제법 있을 것 같네요.

> 이른 봄의 성대한 잔치, 출산을 앞둔 어머니 가르가멜은 소금에 절인 소의 창자를 열여섯 통 두 말 여섯 되나 먹습

> 니다(《가르강튀아와 팡타그뤼엘》4장).

> 곱창을 먹은 사람들은 강가로 나가 유쾌하게 떠들며 포도주 잔치를 벌였어요(《가르강튀아와 팡타그뤼엘》5장).

> 그때 가르가멜이 진통을 느낍니다. 그런데 너무 많이 먹어 배가 꽉 찬 상태였지요. 이런저런 기괴한 사연으로 정상적인 산도가 막히는 바람에 아기 가르강튀아는 몸의 위쪽으로 올라가 가르가멜의 왼쪽 귀로 태어났습니다(《가르강튀아와 팡타그뤼엘》6장).

사실 창자 요리에는 불편한 구석이 있습니다. 똥을 연상시키기 때문이겠죠. 어느 음식점에서 덜 씻은 큰창자를 먹어본 적이 있는데, 냄새가 지독하더군요. 떠올리기 괴로운 기억입니다. 작가 라블레는《가르강튀아와 팡타그뤼엘》에서 "똥 껍질을 먹으면 똥이 먹고 싶어진다"는 말로 꼬집었습니다. 그러면서도 "소창자는 여러분도 알다시피 푸짐하고 맛있어서 누구나 손가락을 핥을 정도"라고 썼지요. 그래서 곱창이 좋다는 걸까요 싫다는 걸까요. 어쩌면 라블레는 식탁의 두 얼굴을 보여주려던 것일지도 모르겠어요. 아무려나 식탁 영웅 가르강튀아의 탄생에 어울리는 이야기입니다.

제주 고기국수와 돈코쓰라멘의 차이

여러 해 전에 돈코쓰라멘을 먹다가 망신을 당한 일이 있습니다. "그렇게 마늘을 듬뿍 넣다가는 우리 가게의 섬세한 국물맛을 못 느낀다고요!" 참다 참다 일갈을 날리신 주방장님. '아이 억울해, 시오라멘(소금라면)도 아니면서!'라고 생각했지만, 칼을 든 주방장님의 무서운 인상에 입을 다물었어요. 하기야 제가 한국 사람이 아니었다면 그렇게 마늘을 잔뜩 넣지는 않았겠죠. 돈코쓰라멘의 진한 국물이 한국인 입맛에 맞는다고는 하지만 딱 맞아떨어지는 것 같지는 않다고 저는 종종 생각해요.

돈코쓰라멘에 자주 비교되는 음식이 제주의 고기국수입니다. 그런데 고기국수는 알려진 것이 많지 않은 수수께끼 같은 요리죠. 누구나 동의하는 것은 단 하나, 역사가 그리 오래된 음식이 아니라는 사실입니다. 돼지고기 육수에 메밀국수를 넣어 먹던 풍습이 20세기 후반에 고기국수로 이어졌다는 한라대 오영주 교수의 설을, 마침 10년 전 〈한겨레〉에 고나무 기자님이 소개했네요.

고기국수와 돈코쓰라멘, 어떤 점이 비슷하고 어떤 점이 다를까요.

우선 면발이 다릅니다. 고기국수는 굵은 중면이, 돈코쓰라멘은 알덴테(면의 심이 살아 있는, 다소 딱딱하게 익혀진 상태)로 삶은 라멘이 제맛입니다. 무엇보다 국물 맛이 비슷하면서도 달라요. 그런데 어떻게 다른지 설명하자니 막연하네요. 사람들이 어떤 어휘를 쓰는지 코딩을 하여 알아봤어요.

맛집 리뷰 대표 사이트인 '식신'과 '망고플레이트'에 올라온 돈코쓰라멘에 관한 1,640여 건의 글과 제주 고기국수에 관한 950여 건의 글을 모아서 분석해봤어요. 돈코쓰라멘을 언급할 때는 자주 사용하지 않지만 고기국수를 품평할 때는 자주 쓰는 어휘가 있을까요?

결과는 알 듯 모를 듯. 처음에는 공통점에 가려져서 양쪽의 차이가 눈에 띄지 않았지요. 돈코쓰라멘도 고기국수도 '맛있고', '진하고', '느끼하면서도', '깔끔하고', '부드럽고', '담백한' 맛이 있어야 손님들이 '줄 서서', '웨이팅'하며 차례를 '기다리는', '유명한' 맛집이 되더군요. 고명으로 올라가는 돼지고기도 '두툼하고', '두꺼워야' 하고요. 가장 많이 사용한 단어들은 이렇듯 둘 다 비슷했습니다.

'두 음식의 맛이 닮은 것 같았다. 그래서 두 음식에 대한 리뷰를 분석해보니 과연 닮았더라.' 이렇게 맥 풀리는 결론도 없습니다. 차이도 드러나고 안 보이던 점도 보여야 고생한 보람이 있을 텐데요. 고민하던 중에 부산 음식인 돼지국밥이 혹시 실마리가 되지 않을까 하는 생각이 들었어요. 돼지국밥 맛집 리뷰 1,400여 건을 추가로 조사했습니다.

세 가지 음식에 대한 4,000여 건의 리뷰를 분석해보니 흥미로웠습니다. 공통된 단어 10여 개를 빼고 나니 돼지국밥과 고기국수를 평할 때는 자주 쓰는데 돈코쓰라멘에 대해서는 잘 쓰지 않는 단어가 드디어 모습을 드러냈거든요.

문제의 단어는 다름 아닌 '시원하다'였습니다. 결과를 이렇게 해석해봅니다. 고기국수와 돼지국밥을 먹으며 우리는 '시원하다'고 느끼지만 돈코쓰라멘을 먹을 때는 그렇지 않다는 것. 고기국수가 같은 국수인 돈코쓰라멘보다 돼지국밥에 가깝다고 많이들 생각한다는 의미죠. 돼지고기 육수의 '시원함'이 한국 입맛에 잘 맞는다는 뜻입니다.

그런데 우리는 어떤 맛을 '시원하다'고 부를까요? 이거야말로 어려운 문제입니다. 대중목욕탕에 간 아빠와 아들 이야기도 있잖아요. "어어, 시원하다!" 아빠의 말을 듣고 어린 아들이 뜨거운 물에 들어갔다가 악 소리를 지르고 뛰쳐나오며 말하더랍니다. "세상에 믿을 X 하나도 없네!" 한국말은 참 어렵습니다. 아무려나 사람들은 '진하고 뜨끈한 국물'을 기대하며 돈코쓰라멘을 먹는다는, 한편 고기국수나 돼지국밥을 먹을 때는 아울러 '시원한 국물맛'까지 기대한다는 이야기입니다.

지방마다 다른 음식 '두루치기'의 정체는

두루치기란 무엇일까요. 한국 음식의 수수께끼 중 수수께끼죠. 이름은 두루치기지만 지역마다 다른 음식이기 때문입니다. 웹 크롤링으로 빅데이터를 모아 뭔가 해보려던 시도도 실패했습니다. 배가 고프고 머리도 복잡한 나머지 신령님이라도 만날 것 같은 기분입니다. "어찌하여 괴로워하느냐?" "제 두루치기가 그만 미궁에 빠졌습니다."

친절한 신령님은 돼지고기와 은박지와 불판을 들고 오시겠죠. "이 두루치기가 네 두루치기냐? 평평한 불판 위에 은박지를 깔고, 맵고 달게 양념한 돼지고기를 얹어라. 고기가 익었다 싶으면 무채니 파채니 콩나물 무침 같은 채소를 불판에 올릴지라. 고기는 상추에 싸 먹고 남은 것은 밥과 볶아 먹을지니."

"신령님, 신령님, 제주에서 먹는 방식이군요."

"그래, 그런데 정작 제주에서는 전주식이라고 하더구나."

"그런데 다른 지역에서 말하는 두루치기는 맛이 다르더라고요."

신령님은 돼지고기와 육수와 냄비를 들고 다시 나타나실 거예요. "그렇다면 이 두루치기가 네 두루치기냐? 부대찌개를 끓이는 얕은 냄비에 양념하지 않은 돼지고기와 신김치를 넣고 육수를 조금 부을지어다. 단맛을 원한다면 양파를 많이 썰어 넣어라. 김치찌개처럼 끓이고 또 끓이면 국물은 거의 다 날아가고 신김치의 시고 짠 맛이 고기에 밴다. 이걸 숟가락으로 떠서 밥에 얹어 먹더라. 라면 사리를 넣어도 좋으니라."

"신령님, 신령님, 이것은 서울에서 먹어본 방식이군요."

"수도권에서는 경상도식이라고 하니라."

"그런데 두루치기에는 꼭 돼지고기가 들어가나요?"

신령님은 이번에는 풍선처럼 신기하게 생긴 물고기를 들고 왔어요. "그렇다면 물고기가 들어간 도치 두루치기가 네 두루치기냐? 신김치를 먼저 볶다가 도치를 넣은 다음 마무리로 알집을 터뜨리고 알을 넣어준다."

"신령님, 신령님, 이 물고기의 이름은 무엇이나이까?"

"이 생선은 겨울이 제철인 도치라고 한다. 도치 두루치기는 강원도의 별미일지니."

여기서 잠깐. '두루치기'란 이름은 무엇을 의미할까요. 충청도의 명물 두부 두루치기에 얽힌 이야기가 있습니다. "손님들이 '두부를 맛있게 매쳐라, 때려라, 두루 쳐 내오라'고 주문하다가 '두부 두루치기'라는 이름이 붙었다." 충청도 한 지역 신문 기자와의 인터뷰에서 노포(오래된 가게) 진로집 사장님이 밝힌 내용입니다. 그렇다면 두루치기란 조리법의 이름일 수 있습니다. 1980년 신문에 "남은 양념에 고등어를 넣고 두루치기를 한다"는 표현도 나옵니다.

저는 신령님께 정직하게 대답합니다. "신령님, 신령님, 세 가지, 아니 네 가지 두루치기가 모두 제 것입니다. 정직하게 말했으니 다 저한테 주셔야죠." 신령님은 혀를 찹니다. "딱하구나, 인간! 두루치기 1인분도 혼자 먹기 힘든데 어찌 4인분을 탐내느냐? 오늘은 그냥 굶도록 하라." 두루치기의 비밀도 풀어주지 않은 채 신령님은 홀연히 사라집니다. 마치 내 상상 속 존재였던 것처럼 말이죠.

함박스테이크와 버거 패티에 대해 궁금했던 것

경양식집을 기억하시나요. 지난 세대 '힙'하던 음식점이죠. 경음악, 붉은 벽돌, 유리잔을 반만 채운 미지근한 보리차. 인기 메뉴는 오므라이스, 돈가스, 그리고 함박스테이크.

맥도널드 햄버거가 부의 상징이던 시절도 있었습니다. "요즘 잘사는 집은 초등학생의 생일잔치를 맥도널드에서 열어 못사는 집 아이들의 마음에 상처를 준다고 하니, 이렇게 빈부격차가 벌어져도 되겠는가"라고 개탄하던 1990년대 〈한겨레〉의 기사를 기억합니다. 외환위기 전의 이야기죠.

한 시대가 흐르면서 함박스테이크니 햄버거니 다진 고기 요리들은 고급 대접을 받지 못하게 되었어요. 저는 대학생 시절에 학생회관에서 날마다 햄버거와 토스트를 먹었는데, 지금 생각해도 토스트는 무난했지만 햄버거는 맛이 없었습니다. 친구들과 학생회관 햄버거를 먹으며 이런 농담을 주고받았죠. "이 햄버거 패티는 닭 머리를 갈아서 만든다던데?" "이 단단한 건 닭 부리인가?" "그러면 여기 쫄깃한 건 볏이겠네."

그러나 저는 함박스테이크를 위한 변명을 하려고 합니다. 다진 고기의 인기가 떨어진 것은 고기의 맛이 없어서가 아니라 우리 사회에 신뢰가 없기 때문이라고요. 원재료의 질을 확인하기 어려운 상황에서 서로 믿지 않는 사회라면 '당연히 좋은 고기를 쓰지 않았을 것'이라고 생각하니까요. 왜, 《수호전》에서 사람고기로 만두를 빚은 것도 '재료를 속이기' 위해서였잖아요. "냉동육이라면 당연히 오래 묵은 고기일 것"이라거나 "MSG를 넣었다니 당연히 국물에 고기가 적을 것"이라고 생각하는 슬픈 습관과 마찬가지입니다.

다진 고기 자체가 문제는 아닙니다. 함박스테이크며 떡갈비며 수제버거며 고기만두는 좋은 재료로 정직하게만 만들면 고급스러운 요리니까요. 토마토소스를 얹은 이탈리아식 미트볼도 잼과 크림소스를 얹은 스웨덴식 미트볼도 사랑받는 음식입니다.

다진 고기의 대표 주자인 함박스테이크와 버거 패티에 대해 궁금했던 몇 가지를 정리해보겠습니다.

첫째, 고기를 반죽할 때 왜 소금을 함께 넣지 않을까요? 요리사 겸 요리연구가 겸 작가인 켄지 로페즈 알트의 책 《더 푸드 랩》에 따르면, 소금이 근육 단백질을 녹이기 때문에 소금 묻은 고기는 찰지고 탄력 있게 뭉친다고 합니다. 소시지라면 좋은 식감이지만 패티는 그렇지 않죠. 버거를 부드럽게 구우려면 다진 고기는 살짝만 반죽하고 소금은 나중에 뿌리라는 것이 저자의 충고입니다.

둘째, 함박스테이크와 패티는 왜 굽기 전에 가운데를 오목하게 누를까요? 가운데보다 가장자리가 먼저 익기 때문에 가장자리는 오그라들고 가운데는 부풀어 오른다고 합니다. 그래서 미리 가운데를 얇게 만들어두어야 굽고 나서 평평하다는 거죠.

셋째, 구울 때 몇 번이나 뒤집어야 할까요? 고기를 자주 뒤집으면 육즙이 빠져나간다는 이야기를 자주 들었습니다. 그러나 《더 푸드 랩》은 이 '상식'을 반박하더군요. 자주 뒤집어도 한 번만 뒤집어도 별 차이가 없다고 하네요. 저로서는 천지개벽할 깨달음이었습니다.

넷째, 굽다가 패티를 뒤집개로 눌러도 되나요? 육즙이 빠져나오지 않나요? 책에 따르면 적당히 눌려서 살짝만 흘러나온 육즙은 마이야르(고기의 여러 성분이 열을 만나 일어나는 반응) 효과를 일으킨대요. 갈색으로 변해 고기에 맛과 향을 더한다고 합니다.

다섯째, 끝내 해결하지 못한 물음, 햄버거는 왜 이름이 햄버거일까요? 독일의 함부르크와 관계있는 이름 같지만 정확한 유래는 모른다고 합니다. 영미권에서 '함부르거 샌드위치'라는 말이 쓰인 것은 1902년부터, 함부르거(햄버거)로 줄여 부른 것은 1909년부터라고 합니다. 함박스테이크도 물론 여기서 유래한 말입니다.

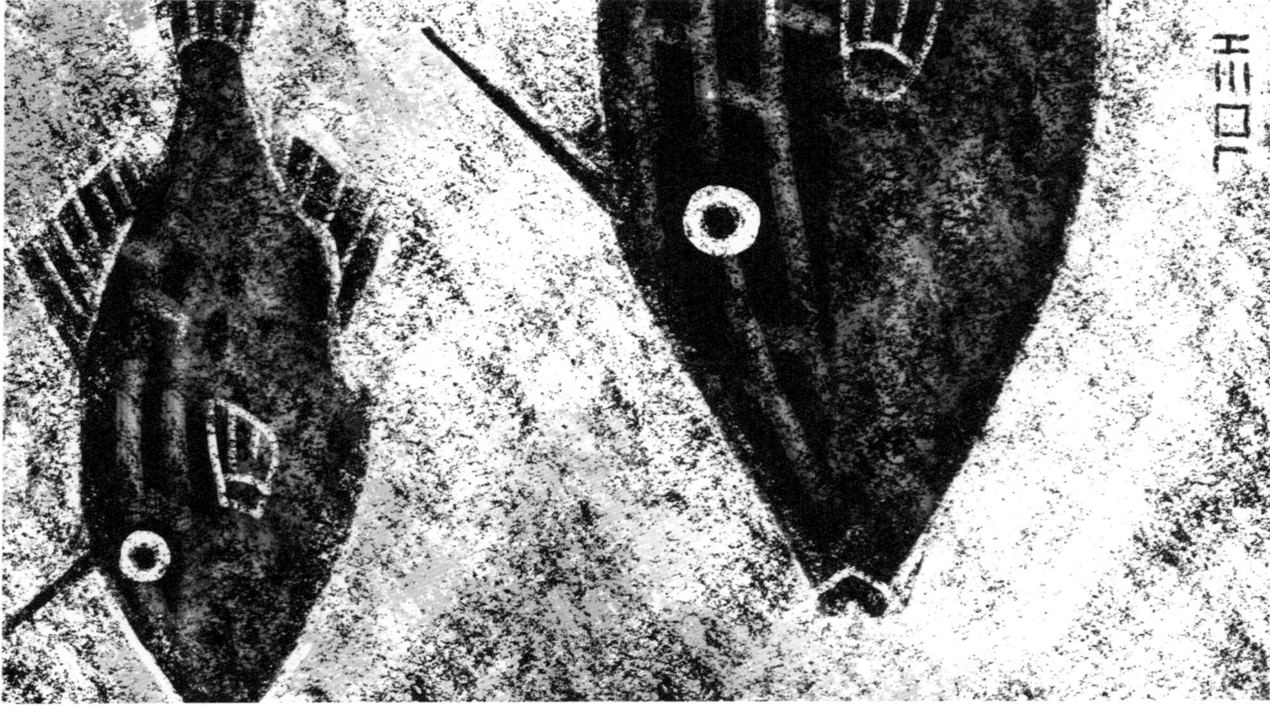

'어두일미(魚頭一味)'라는 말의 의미

재수생 시절 극장에서 친구와 영화를 보기로 했어요. 스파이크 리 감독의 〈말콤 엑스〉를 보자고 약속했죠. 그런데 친구가 당구를 치다가 늦었네요. 결국 그날 친구와 극장에서 코미디 영화 〈못 말리는 람보〉를 봤어요.

기억에 남는 웃긴 장면 하나가 떠올라요. 미국과 일본 정상이 만찬을 해요. 식탁에 생선회가 올랐는데 생선 머리가 '윙크'를 합니다. 눈이 마주친 미국 대통령이 식사를 하다 말고 일본 총리 허벅지에 토하고 맙니다.

사실 상 위에 오른 생선과 눈을 마주치면 마음이 편하지는 않죠. 두 가지 상반된 생각이 듭니다. 하나, 저 생선도 우리와 마찬가지로 살아 있었다는 것. 둘, 물고기는 우리와 다른 낯선 생물이라는 생각. 《물고기는 알고 있다》라는 책을 읽으면 '물고기에게도 포유류처럼 표정이 있었다면 우리가 물고기를 대하는 태도가 지금과는 달랐을 거'라는 내용이 나옵니다.

그런데 이 불편한 생선 머리가 가장 맛있다는 말이 있어요. 다음은 '어두일미', 그러니까 '물고기는 머리, 고기는 꼬리가 맛있다'는 말에 관한 주장들입니다.

❶사람들이 생선 머리를 안 먹으니까 먹게 하려고 지어낸 말이라는 설. 우리 아버지의 주장입니다. ❷남들이 안 먹는 부분을 골라 먹으며 미식가인 체하는 사람이 꼭 있다는 설. 제가 뜨끔한 이야기입니다. ❸생선 머리를 먹는 수고 때문에 고생한 만큼 맛있다고 느낀다는 설. 어려운 책일수록 읽은 사람이 교조적으로 매달린다는 이야기와 비슷하지요.

끝으로, ❹생선 머리가 정말로 맛있다는 설. 눈과 입술은 양념이 잘 배는 부분이며, 볼살과 목덜미살은 쉬지 않고 쓰는 근육이라 쫄깃하다는 겁니다.

도미는 눈이 크고 입술이 두꺼우며 볼살이 푸짐합니다. 도미 머리 조림이 유명한 이유죠. 객주리는 쥐치를 제주에서 부르는 이름입니다. 살이 단단해 쥐포로 말려 먹기도 하지만 생물 객주리를 졸이거나 된장국으로 끓이기도 합니다. 머리가 전체 몸의 절반 가까이 되는 객주리는 어두일미를 확인할 수 있는 생선이지요.

객주리 조림을 소개하기 위해 앞의 그림을 그렸습니다. 큰 객주리, 작은 객주리. '제주에서 먹을 때 맛있었지'라고 생각하며 그렸지요. 그런데 나중에 만 세 살인 큰아이가 이 그림을 보더니 "아빠 물고기, 아이 물고기"라며 자기와 나를 가리키는 겁니다. 먹는 쪽과 먹히는 쪽이 뒤집히는 체험이었죠. 아이를 목말 태워

동네를 마실 다닐 때면 아이가 횟집 수족관 앞에서 "물고기 안녕? 물고기 안녕?"이라고 말할 때가 있어요. 때때로 마음이 아릿한 기분이 듭니다.

공장식 축산에 문제가 많다는 지적에 동의합니다. 그렇다고 바로 없앨 수는 없겠지요. 인정하기는 싫지만, 대량 축산 역시 근대와 현대의 일부분이고 '모더니티'라고 이야기되는 것이 다 그렇지만 지금의 생활방식에 나쁜 점만 있는 것은 아니기 때문입니다. 몇 번의 선언으로 극복될 모더니티라면 애초에 고민거리가 되지도 않았겠죠. 그래도 지금의 방식을 어떻게든 좋은 쪽으로 고쳐가야 한다고 생각해요. 희망을 품고 한국의 곰 농장에서 최근 일어난 일을 소개합니다.

한편으로는 육고기에 익숙한 사람 입맛을 뜯어고치지 않고도 자연스럽게 육고기를 줄일 수 있는 방법이 연구되어 왔습니다. 식물성 재료를 가지고 고기 모조품을 만들기도 하고, 식용곤충을 요리로 만들기도 합니다.

많은 분들이 반기지 않는 MSG도 '육고기 없이 고깃국물 맛을 내는' 대안음식으로 주목하는 사람들이 있습니다. 동물 세포를 가지고 실험실에서 배양한 고기는 조만간 우리 식탁에 오르게 되리라 봅니다. 우리는 과연 오랜 세월 동안 이어져온 육식의 시대를 넘어설 수 있을까요?

7장

우리는 육식의 시대를 넘어설 수 있을까

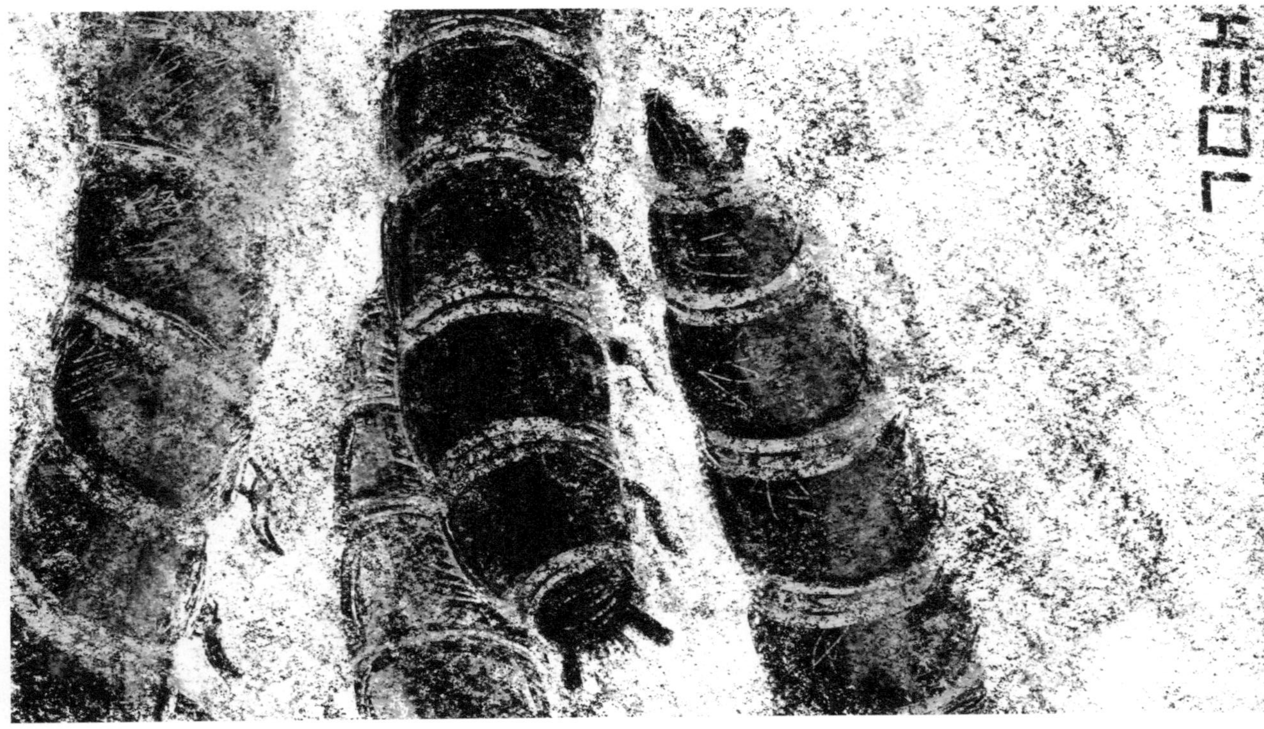

식용곤충을 먹는 세상이 온다

드디어 벌레를 먹어보았습니다. 모두가 궁금해하실(정말?) 그 맛에 대해 말씀드리기 전에 도덕책 같은 이야기를 해볼까요.

오늘날 '공장식 축산'이 문제가 많다는 사실은 누구나 알죠. 동물도 고통받고 환경도 파괴되고, 길게 보면 인간도 불행해질 테니까요. 그래서 육고기의 대안으로 먹는 곤충에 주목하는 사람이 많아요. 다음 또는 다다음 세대에는 학교 급식으로 곤충 반찬이 나오리라고 저는 생각합니다.

물론 곤충을 먹는다고 '육식의 문제'가 완전히 해결되지는 않아요. 고려시대에 이규보가 쓴 수필 〈슬견설(虱犬說)〉은 작은 벌레를 죽이는 일과 개의 목숨을 빼앗는 일이 다른가 같은가를 따집니다. 소나 애벌레나 생명이라는 점에서는 똑같지 않느냐고요. 곱씹어볼 질문입니다.

아무려나 저는 범속한 사람이라서 이규보처럼 어려운 고

민을 하지는 않고 육식도 끊지 못하지만, 공장식 축산의 문제점은 들어 알고 있죠. 식용 벌레 덕분에 먹는 육고기 양이 줄어든다면 일단은 만족합니다. 그렇다면 문제는 '먹을 벌레를 어디서 구할 것인가'죠. 서울시농업기술센터에 가면 곤충 음식을 체험할 수 있다는 옛날 기사가 있더군요. 전화를 해봤지만, 프로그램을 더는 진행하지 않는다네요. 맛있는 곤충 요리를 먹을 수 있는 카페가 교통 편한 서울 양재동에 있다는 글을 보고 SNS로 연락해봤는데, 역시 '영업 중단'이더군요.

'벌레 맛을 꼭 보고야 말리라!' 실패를 거듭하다 보니 호기심은 열망이 되었습니다. "저랑 벌레 먹으러 가실 분?" 수소문 끝에 지인인 뮤지션 P선생한테 동영상을 받았네요. "우리 집은 이런 거 먹었어요." 어린 딸 화음이가 말린 애벌레를 한 마리씩 집어 먹는 모습이 담겨 있더군요. "부럽다, 나도 딸이랑 이거 먹어봐야지!" "와, 좋은 아빠." "아냐, 실은 내가 먹고 싶어서 그래."

다음 날 말린 애벌레를 배송받았습니다. 정식 이름은 갈색거저리 유충이고 농촌진흥청에서 미는 이름은 '고소애'입니다. 애완벌레에게 먹이로 주는 밀웜과 같은 녀석인데요, 사람 밥상에 올리려고 좋은 것을 먹여 키운 식용입니다. 요즘 곤충에 관심이 많은 큰아이와 함께 포장을 뜯었어요. 작은아이가 기어 와 자기도 먹고 싶은지 쳐다보더군요. 비릿하거나 고릿한 향기도 없고, 맛은 고소하고 진했습니다. 말린 새우보다 제 입에는 잘 맞더군요.

그런데 이렇듯 완전한 미래 식량처럼 보이는 식용곤충도,

몸에 맞지 않는 사람이 있나 봐요. 하필 제가 그런 사람이더군요. 몸이 가려웠어요. 저는 게를 즐기지만 먹으면 자주 체합니다. 아주대학교 알레르기내과 누리집에 실린 칼럼을 보면, 곤충을 많이 먹는 라오스의 경우 가벼운 알레르기를 겪는 사람이 7.6퍼센트라고 하네요. 2017년 연말부터 한국도 식용곤충 포장에 '알레르기가 있을 수 있다'고 표기하게 되었다네요. 학교 급식에 나올 무렵에는 알레르기 문제도 논의 대상이 될 것 같네요.

콩과 코코넛으로 만든 고기, 맛있을까

몇 주 동안 식용곤충 전도사가 되어 주위에 벌레 먹은 이야기를 하고 다녔어요. "진짜 맛있어요. 같이 드실래요?" 이 말을 들은 분들은 벌레를 먹지 않고도 벌레 씹은 표정이 되더군요. 식용곤충이 학교 급식으로 나올 때가 머지않았다고 생각하는 저로서는 당황스러운 반응이었어요. 그래도 이번 이야기에는 솔깃하실 거예요. 요즘 한창 '힙'한 주제니까요.

최근 대안 고기가 주목받고 있습니다. 미국 푸드 스타트업 '비욘드미트'가 2019년 5월 미국에서 상장했고, 경쟁 업체 '임파서블푸드'의 버거도 눈길을 끕니다. 영국의 〈가디언〉지를 보니 2040년이 되면 동물을 죽여 육고기를 먹는 일이 별로 없을 것 같네요. 콩과 코코넛 등으로 고기를 만들거나 실험실에서 고기 세포를 배양할 거라는군요. 신기한 세상이에요.

국내 업체가 수입해 유통하는 비욘드미트의 제품 '비욘드

버거'를 주문했습니다. 우리의 미래가(사실은 대안 고기의 맛이) 궁금해서요. 냉동한 햄버거 패티 두 개를 받았습니다. 첫 번째 패티는 눈치를 보며 구웠습니다. '아직도 가운데가 분홍색인데! 패티가 덜 익으면 큰일이야.' 3분을 굽고 나서 약한 불로 몇 분 더. 그런데 생각해보니 그렇게 구울 필요가 없네요. '잠깐, 이거 육고기가 아니잖아. 소고기 패티처럼 바싹 익힐 필요가 없지.' 생김새가 어찌나 소고기 같은지, 구우면서도 착각할 정도였어요.

바싹 익히고 나니 거대한 동그랑땡처럼 보이더군요. 맛도 생각보다 큰 차이가 없었어요. 기존의 콩고기들과는 달랐지요.

2019년 1월 27일 〈가디언〉지에는 '가짜 고기의 문제'라는 칼럼이 실렸어요. 논점이 일목요연하게 정리되지는 않았지만, 여러 가지 생각할 거리를 동시에 던지는 글이었죠. 글쓴이 비 윌슨은 육고기 흉내를 낸 식물성 대안 고기를 먹는 것보다 그냥 채소를 먹는 편이 건강에 좋으리라고 말합니다. 괜히 시비를 거는 것처럼 보일지 몰라도 중요한 점을 짚고 넘어가는 글이었죠. 바로 식품첨가물 문제입니다.

네 가지 음식이 있어요. ❶그냥 채식, ❷동물 고기를 모방한 식물 고기('가짜 고기'), ❸햄버거와 소시지 같은 가공육, ❹그냥 육고기. 비 윌슨은 가짜 고기(❷)가 대체로 가공육(❸)을 모방한다고 지적해요. 그러다 보니 식품첨가물도 들어갑니다.

그렇다면 진짜 문제는 식물성 대안 고기가 아니겠지요. 가공육이 건강에 좋지 않을 수도 있다는 점은 대체로 공감합니다. 그런데 왜 먹을까요. 그냥 고기(❹)가 비싸니까요. 글쓴이도 인정합니다. "풀 뜯어 먹고 자란 양의 다리를 집에서 구워 먹을 돈이 없으니" 가공육을 먹는다는 사실을요. 육식의 문제를 파고들면 계급의 문제와도 맞닥뜨리게 됩니다. 더 큰 문제는 저 글도 잘사는 영미권 사람 기준이라는 사실이죠. 우리 처지에는 대안 고기도 가공육도 마냥 싸지는 않아요. 제가 "식용곤충이 학교 급식에 나오게 될 것"이라고 이야기하는 이유죠. 농담만은 아니라고요.

채식 식단, 팔라펠과 후무스 그리고 아란치니

고기도 고기 모조품도 아니지만 고기를 먹는 듯한 포만감을 주는 채식은 어떨까요. 이 이야기에 앞서 채식주의에 대해 육식하는 사람의 관점에서 정리해보겠습니다.

이런 일이 있었습니다. 채식하는 친구가 서울에 온다기에 밥을 사기로 했는데 메뉴를 고르느라 고민이 되더군요. "그래, 깐풍동고를 먹자!" 깐풍동고는 버섯탕수처럼 동고버섯을 튀겨서 깐풍기·깐풍육처럼 깐풍소스에 볶은 요리입니다. 그런데 그 친구가 한입 먹더니 난처한 표정을 지었습니다. "버섯 안에 새우 다진 살을 채웠네요." 미안, 미안.

또 이런 일도 있었습니다. 미국에 사는, 채식하는 친척이 한국에 왔는데 무엇을 먹으면 좋을까요. "한정식이 괜찮겠지?" 나물 반찬이 훌륭하다는 집에 갔죠. 그런데 이게 웬일. "안녕?" 상 한가운데에 조기가 누워서 눈을 맞추며 인사하더라고요.

오해하지 마시길. '채식주의자가 유난을 떨더라'는 이야기를 하려는 게 아닙니다. 저의 육식을 그들이 존중하듯 저도 그들의 채식을 존중하고 싶은데, 같이 한 끼를 먹기가 쉽지 않더라는 이야기를 하고 싶은 것입니다. '오해'라는 말이 나온 김에 채식주의에 대한 오해들을 살펴볼까요.

Ⓠ 채식주의자는 달걀도 우유도 물고기도 먹지 않는다?

Ⓐ 아니요. 채식주의는 스펙트럼이 다양하대요. 새우나 생선을 먹는 사람도 있는 반면 버터나 치즈까지 먹지 않는 사람도 있어요. 각자 규칙을 세우고 각자 지키더군요.

Ⓠ 채식주의자는 고기 먹는 사람을 경멸한다?

Ⓐ 아니요. 그런 극단적인 사람도 있을지 모르지만, 제가 만난 사람들은 제가 고기를 먹는다고 밥상을 엎지는 않았습니다. 저한테 채식을 강요하지도 않았고요. 다만 동물 이야기가 나올 때는 괜히 제가 혼나는 기분이 들기는 해요. 아마 고기를 못 끊는 사람의 자격지심 때문이겠죠.

Ⓠ 채식주의자는 외국에서 대접받는다?

Ⓐ 그렇지도 않습니다. "외국의 '힙스터'처럼 보이려고 채식하는 거 아니냐"고 비아냥거리기도 하지만 영미권의 SNS를 보니 외국이 채식주의자에게 더 못되게 굴더군요. 서양 사람은 고기도 많이 먹고 채식도 많이 하고… 갈등이 큰가 봅니다.

2019년 1월에 '비거뉴어리(Veganuary)' 캠페인이 있었어요. 비거뉴어리는 1월을 뜻하는 '재뉴어리(January)'와 채식주의자라는 뜻의 '비건(vegan)'을 합한 말입니다. 스웨덴과 영국의 맥도널드 점포는 '채식 세트'를 내놓았지요. 그런데 영국의 몇몇 점포에서 세트 안에 닭고기를 몰래 넣어 말썽이 났습니다. 해당 업체의 홈페이지 댓글 창은 전쟁터가 되었고요. '유난을 떨더니 쌤통'이라는 조롱이 생각보다 많았습니다. 어쩌면 이 역시 고기를 못 끊는 사람의 자격지심 때문이겠지만.

Ⓠ 채식 메뉴는 맛이 없다?

Ⓐ 우리의 관심은 '그래서, 채식 요리도 맛이 있냐?'는 것입니다. 결론부터 말씀드리면, 맛이 있더라고요. 채식하는 친구가 생선과 고기 없이 다시마와 된장으로 끓인 국을 대접했는데 처음에는 밍밍하지 않을까 생각했지만 막상 먹어보니 감칠맛이 제법이었어요. MSG도 원재료는 사탕수수라잖아요.

채식 요리 중 아란치니와 팔라펠 역시 맛이 좋아요. 아란치니는 이탈리아 요리로 쌀을 동그랗게 빚어 기름에 튀긴 완자입니다. 버섯이나 가지로 씹는 맛을, 치즈나 토마토소스로 감칠맛을 더해요. 팔라펠은 아랍과 이스라엘 사람들이 함께 즐기는 요리로 유럽의 도시마다 팔라펠 맛집이 있더군요. 서울에서도 몇 번 먹었습니다. 병아리콩을 갈아 동그랑땡처럼 빚은 다음 튀겨요. 요구르트소스나 콩을 갈아 올리브유에 버무린 후무스와 먹으면 감칠맛이 갑절이 되죠. 납작한 빵에 채워 샌드위치처럼 먹기도 하고요. 맛도 진하고 속도 든든하고, 육고기 부럽지 않습니다. 저는 고수를 듬뿍 얹어 먹는 것을 좋아해요. 아, 군침이 도네요.

공장식 축산의 극복을 위한 시민 운동의 실험

춘추시대 초(楚)나라의 이야기입니다. 성왕(成王)은 형을 죽이고 임금이 되었습니다. 45년이 지나자 아들이 쿠데타를 일으켰지요. 사로잡힌 왕이 말했습니다. "곰발바닥 요리를 먹고 죽겠다." 아들은 잠시 생각하더니, 아버지의 마지막 소원을 거절했어요. "진압군이 올 시간을 벌 속셈이군요!" 곰발바닥은 질기기 때문에 오래오래 요리해야 하거든요.

맛있다는 소문이 자자한 곰발바닥, 어째서일까요. 곰이 발바닥을 자주 핥아서 그렇대요. 저는 먹어보지 않아서 모르겠습니다. 먹어보지도 않고 글을 쓰는 게 자랑이냐고요? 곰발바닥의 경우는 그래요. 먹으면 안 되는 요리니까요. 조리 시간 때문이 아니라 곰을 살리기 위해서죠. 곰발바닥과 웅담을 얻겠다고 마구 잡다가는 동아시아의 곰이 남아나지 않겠죠. 그래서 곰발바닥은 먹지 않은 게 자랑인, 금지된 요리입니다.

MBC 다큐멘터리 〈곰〉에는 베트남의 곰 사육 농장에서 구조된 흑곰 하이찬의 사연이 소개되었습니다. 하이찬은 2018년 연말 동물복지단체에 구조될 때까지 땅 위를 어슬렁거려본 적이 없습니다. 철창에 갇혀 살았거든요. 게다가 하이찬에게는 앞발이 없습니다. 둘 다 잘려나갔으니까요. 비싼 값에 팔려나가는 '곰발바닥 술'을 담그기 위해 그랬다는 추측이 있을 뿐입니다.

곰을 먹는 것이 무조건 동물학대인 것은 아닙니다. 미국은 개체 수 조절을 위해 제한적으로 사냥을 허용하고 있습니다. 일본의 홋카이도와 러시아의 시베리아에서는 곰고기를 먹는 일이 전통문화고요. 한편 북극에 사는 이누이트에게도 북극곰은 소중한 자원입니다. 털가죽으로는 옷을 짓고, 고기는 문자 그대로 '단백질 공급원'이죠. 그래서일까요. 이누이트는 미안하고 고마운 마음으로 곰을 잡아먹었다고 합니다. 곰을 사냥하면 나름대로 제사도 지내주고요(이누이트가 보여주는 '먹히는 동물에 대한 예의'는 이 책의 일관된 주제이기도 합니다). 이누이트의 신화에 등장하는 곰은 말을 하고 얼음집에 사는 등 인간과 비슷한 모습입니다.

사실 사람과 곰은 닮았습니다. 앉거나 섰을 때의 뒤태도 비슷하고, 둘 다 잡식성이라 먹는 것도 겹쳐요. 그래서일까요? 사람이 곰으로 변하거나 곰이 사람으로 변하는 신화가 많죠.

우선 그리스·로마 신화에는 칼리스토 이야기가 있습니다. 아름다운 칼리스토는 제우스의 아들 아르카스를 낳고, 헤라의 미움을 받아 곰이 됐습니다. 늠름한 사냥꾼으로 자란 아르카스는 훗날 곰과 마주치고 활을 겨눠요. 곰의 정체는 칼리스토였죠. 부모가 자식 손에 목숨을 잃을 위기에 처한 것이죠(초나라 성왕처럼요). 제우스는 부랴부랴 둘을 별자리로 만들었대요. 바로 큰곰자리와 작은곰자리입니다.

한국 신화에서는 곰이 쑥과 마늘을 먹고 사람이 되죠. 사소한 문제 하나를 지적하자면 마늘의 원산지는 중앙아시아와 이란입니다. 중국 한나라 때 동아시아에 전파된 것 같다고 합니다. 아시다시피 웅녀 이야기의 시대 배경은 단군이 나라를 세웠다는 기원전 2333년보다 앞서겠죠. 그때는 곰이 먹을 마늘이 아직 한반도에 들어오지 않았을 것입니다.

한국 신화에서 우리 민족의 어머니로 등장하는 곰이지만 사실 우리나라에도 베트남처럼 곰 농장이 있습니다. 전두환 정권이 농가에 곰 사육을 권장했다가 4년 만에 수출길이 막히면서 일이 꼬였다고 합니다. 순식간에 애물단지가 되어버린 곰 신세. 30년 넘게 정부와 실랑이 중인 사육 농가의 사정도 딱하기는 마찬가지입니다. 주장인즉, 정부가 키우라고 해서 키웠는데 키워도 팔 수가 없으니 누가 돈을 주고 사가라는 겁니다. 현재 먹이도 제대로 못 먹고 방치된 사육 곰이 600여 마리라고 하는데, 앞으로 이 곰들을 어떻게 하면 좋을까요? 곰이 동물학대의 아이콘이 된 것 같아 안타까웠습니다.

그런데 2018년 12월 7일에 거짓말 같은 일이 일어났어요. 시민들이 돈을 모아 곰 세 마리를 강원도 한 농가에서 '구출해' 새 삶터를 찾아주었지요. 이 책 끄트머리에 이 이야기를 넣은 까닭은, 현재의 공장식 축산을 극복해나가는 일에 이 작은 사건이 좋은 실마리가 되지 않을까 하는 기대 때문입니다.

감칠맛 때문에 고기를 끊지 못한다면

이 글과 다음 글에서는 논쟁적인 주제를 다루려고 합니다. 결론부터 이야기할게요. 육고기를 줄이는 것이 목적이라면, (식용곤충을 당장 급식 메뉴에 올리지 않는 이상) 우리는 MSG에 대해서도 긍정적으로 생각해봐야 하는 것이 아닐까요. MSG 회사에서 한 푼도 받지 않았다는 사실을 미리 밝혀야 할 것 같네요.

우리가 고기를 끊지 못하는 이유 가운데 하나가 감칠맛 때문입니다. 감칠맛이란 무엇일까요. 감칠맛이 따로 존재하지 않는다고 주장하는 분도 있지만, 논쟁은 이미 끝난 상태입니다. 몇 해 전에 미국 과학자 폴 브레슬린 등이 혀에서 감칠맛을 느끼는 수용체를 발견했죠. 과학적 증명 이전에도 인간은 감칠맛에 집착했고, 감칠맛을 끌어올리기 위해 기발한 방법들을 개발했습니다. 다음은 감칠맛 세계 기행입니다.

❶ 이탈리아: 이탈리아에서도 양·곱창을 즐기더라고요.

'트리파'라는 이름으로 데친 후에 식초와 기름만 둘러 샐러드처럼 먹기도 하고, 토마토소스를 올려 빨갛게 버무려 먹기도 합니다. 빨갛게 먹는 트리파는 꼭 순대볶음에 곁들인 곱창처럼 보여요. 맛은 다르지만요. 곱창볶음은 매운맛이고 토마토소스 트리파는 감칠맛입니다(서울에 있는 이탈리아 레스토랑 '로칸다 몽로'의 트리파는 감칠맛에 매콤한 맛까지 곁들였지만요).

감칠맛을 내는 최고의 궁합은 이렇듯 토마토와 고기입니다. 어릴 때 미국 만화 〈가필드〉를 처음 보았는데, 주인공 고양이가 '라사냐'를 너무 좋아해 배가 나왔다고 했지요. 그때 한국은 피자가 막 들어오기 시작할 무렵이었습니다. 라사냐가 뭔지 궁금했어요. 한참 지난 후에 먹어보고 인정했죠. "가필드가 배가 나올 만하네."

❷미국: 영국과 미국은 잘하는 것도 많지만 요리만큼은 평판이 나쁘죠. 그래도 샌드위치와 햄버거의 발명은 영국과 미국이 인류의 음식 문화에 공헌한 이색적인 사건 같습니다. 고기 패티에 토마토소스와 치즈를 얹은 수제 버거는 감칠맛의 결정체입니다. 개인적으로는 곁들여 마시는 루트비어를 좋아하지만요.

❸프랑스: 보드게임 '카르카손'으로도 유명한 프랑스 남부의 카르카손 지역에 성을 보러 간 일이 있었어요. 이때 프랑스 남부의 요리 카술레를 먹어보았습니다. 질그릇에 넣고 끓인 소시지와 토마토와 콩. 모두 감칠맛을 살리는 재료들입니다.

❹중국: 요즘 보니 중국 음식도 토마토가 잘 어울리더군요. '요즘 보니'라고 한 이유는 옛날에는 토마토를 사용한 중국 음식을 자주 보지 못했기 때문이에요. 얼마 전에 중국 출장이 잦

은 친구 이승규 선생과 우육면을 먹었어요. 토마토를 넣어 시원한 국물 맛과 감칠맛을 더했더군요. 이 선생은 바로 알아차리고는 "토마토를 넣다니 동북식이군요"라고 했습니다. "아, 그렇습니까."

한국의 중국 요리 역사에서 동북 지방 요리가 들어온 것은 비교적 최근의 일입니다. '중화풍 토마토'가 아직 낯선 것도 그래서겠죠.

❺MSG: 토마토니 치즈니 콩이니 하는 것은 고기의 감칠맛을 끌어올리는 다양한 재료죠. 그렇다면 비슷한 기능을 하는 MSG는 어떨까요. MSG를 넣는 것에 대해 많은 사람이 거부감을 느낍니다. MSG가 무해하다는 연구 결과를 들어도, MSG 역시 천연재료로 발효시킨 식품이라는 해명을 접해도 "왠지 꺼림칙하다"는 반응이 적지 않아요(저도 MSG가 들었다고 하면 '좋은 재료를 안 썼나 보다'라고 의심하게 됩니다). 그런데 어떤 사람들은 "MSG를 육식의 대안으로 생각할 수 있다"고 까지 주장합니다. 뒷장에서 자세히 살펴볼까요?

MSG가 육식의 대안이 될 수 있을까

한동안 마라우육면을 많이 먹었어요. 남쪽 입맛대로 제피맛이 알싸한 도삭면도, 토마토가 국물에 감칠맛을 더하는 중국 동북식 탕면도 좋아해요. 평소 주말에는 부부가 함께 아이를 보는데 우육면에 한창 빠져 지낼 때는 저 혼자 집을 나와 한 그릇을 먹고 오기도 했죠. 아이야 미안하다, 아빠는 소고기 국물에 영혼을 팔았나 보다. 국물의 감칠맛 가운데 어디까지가 MSG의 몫인지는 모르겠지만.

한때 미원 광고가 입길에 오르내렸습니다. 미원을 쓰면 소를 살린다, 닭을 살린다, 이런 카피로 관심을 끌었죠. 반응은 다양했어요. 재미있어하는 사람도 질색하는 사람도 많았습니다.

우선 MSG를 위한 변명부터 해볼까요? 혓바닥에 감칠맛을 느끼는 맛봉오리가 돋아 있다는 사실은 21세기에야 알려졌지만, 사실 그전에도 인간은 싸고 질 좋은 감칠맛을 얻기 위해 노력했어요. 20세기 초 일본에서 글루탐산나트륨을 인공적으로 농축하는 데 성공했다는 이야기는 앞에서도 다루었습니다. MSG의 탄생이었죠. 고기 없이 고깃국물 맛을 낼 수 있다니, 채식하는 사람들이 반길 일이 아니었을까요? 그런데 실제로는 그렇지 않았습니다. MSG에 대한 반감이 만만치 않았기 때문이죠.

그런 반감이 생긴 이유는 무엇일까요? 첫째로 MSG 음식이 해롭다는 믿음 때문이에요. 그렇지 않다는 것이 최근 과학적으로 증명되었지만 말이죠. MSG를 싫어하는 둘째 이유는 오늘날 널리 퍼진 화학물질에 대한 반감 때문일 거예요. 셋째로 반기업 정서도 한몫한다고 생각합니다. MSG는 건강에 나쁘지 않다는 실험 결과가 나와도 조미료 기업이 뒤에서 힘을 썼을 거라고 생각하는 분들이 있지요.

하지만 MSG에 대한 반감은 과학적 근거도 없고 배경도 수상하다고 주장하는 사람들이 있습니다. 작가 톰 닐론은《음식과 전쟁》이란 책에서 MSG가 몸에 좋지 않다는 이야기를 밀어준 것은 거대한 소고기 사업자들일 거라고 의심하지요. "MSG 부작용을 호소하는 사례들이 갑자기 쏟아지게 된 것에 (미국의) 소고기 산업이 직접적으로 연관되어 있는지 확실히 말하기는 어렵다. 우리가 분명히 아는 것은 이러한 보고서들이 나오게 된 것은 소고기 산업 마케팅의 현대화와 로비 덕분이라는 것"이라고 하네요.

정말일까요? 이것이 사실이라면 20세기 최대의 음모인 셈입니다. 그렇다면 MSG에 대한 반감이 커진 네 번째 이유는 거대 식육 업계의 '음모' 때문이라는 주장도 가능합니다. 정말 그런지는 다시 따져봐야겠지만요. 한편, MSG 제조사끼리 1970년대에

서로 화학물질을 쓰고 있다며 헐뜯는 광고를 하는 바람에 부정적 이미지가 널리 퍼졌다는 주장도 있습니다.

그렇다고 MSG에 대한 반감을 근거가 전혀 없는 미신이라고 몰아세울 생각은 없습니다. MSG가 많이 든 음식을 먹었더니 정말로 몸이 불편했다는 분을 자주 만나거든요. "MSG가 많이 든 음식을 먹으면 머리가 아프다"거나 "몸에 뭐가 난다"고 하시는 경우죠. MSG가 해롭지 않다는 과학자들의 주장이 사실이라면 이 현상을 설명하는 가설은 한 가지뿐입니다. 좋은 재료를 쓰는 음식점은 MSG를 넣긴 넣되 많이 넣지는 않겠지요. 나쁜 재료를 쓰는 가게는 MSG에 전적으로 의존할 테고요. 그러니 MSG를 많이 쓰는 음식을 사 먹으면 두통이나 두드러기나 탈이 날 가능성이 크겠죠. 과학자들의 주장처럼 MSG 때문은 아니라고 하더라도 말이에요.

톰 닐론의 주장이 눈길을 끕니다. 그는 "채식주의자가 MSG 사용을 지지"하면 좋겠다고 말합니다. 소의 목숨을 빼앗지 않고도 소고기 맛을 내는 방법이니까요. 그가 시사한 '소고기 업계의 음모'는 사실일까요? 저는 음모론을 좀처럼 믿지 않습니다만, 부시 대통령도 눈치를 보던 미국의 소고기 업계라면 저 정도 일은 쉽게 했으리라는 말도 일리는 있어요. 진위 여부는 시간이 지나도 밝혀지지 않겠지만요.

먹히는 자에 대한 예의

책을 마치며

다음 두 가지 이야기는 모두 사실입니다. 그런데 서로 모순됩니다. 이것이 문제죠.

❶고기를 먹는 일은 인간에게 즐거움을 줍니다. 이렇게 먹을 때 맛있고 먹고 나서 행복한 걸 보면, 육식은 인간에게 좋은 일 같아 보입니다.

❷그런데 고기를 먹기 위해서는 남의 목숨을 빼앗아야 합니다. 원래는 한집에서 보살피던 동물 친구의 목숨을 거두는 일이었어요. 끔찍한 일이죠.

그렇다면 육식은 과연 좋은 일일까요, 끔찍한 일일까요? 혹시 좋으면서도 끔찍한 일일까요?

답을 찾기 위해 고민했고, 고민을 책에 담았습니다.

'육고기를 끊고 다른 것만 먹는다'부터 '모른 척하고 계속 육고기를 먹는다'까지 모든 가능성을 열어놓고 시작한 고민이었습니다. 답은 모르겠지만 일단 이런저런 책을 찾아 이런저런 입장을 살펴보았어요. 그래서 신문 연재 당시 칼럼의 제목이 '김태권의 고기고기여행'이었습니다. 《걸리버 여행기》나 《천로역정》 같은 편력기로 생각했거든요.

나는 세상에 내놓을 만한 답을 찾았을까요? 《파랑새》의 틸틸과 미틸 남매는 여행을 다녀온 끝에 자기네 곁에서 파랑새를 찾았지만 나는 공연히 돌아다니기만 하고 답을 구하지 못했어요. 옛날에는 이런 문제의 답을 종교(2장)나 이데올로기(3장)가 정해줬지요. 육식의 대안(7장)도 알아봤지만 갈 길이 멀더군요.

육식 문제를 어떻게 해야 할까요? 이 고민은 오늘날 개인이 각자 알아서 결단할 문제입니다.

이런 글을 봤습니다. 《사랑할까, 먹을까》에서 황윤 감독은 이렇게 말합니다. "우리가 동물을 쉽게 먹을 수 있는 건 축산 현장이 철저히 격리, 은폐되었기 때문 아닐까요? …그들도 감정이 있고 인간과 교감할 수 있는 존재임을 알게 된 이상, 저는 살생의 고리에서 빠져나오기로 결정했습니다. 그러나 굳이 고기를 먹겠다면, 최소한 그 과정을 알고 먹는 것이 책임 있는 육식이라고 생각합니다."

황윤 감독은 '살생의 고리에서 빠져나오는' 앞쪽의 입장을 택했습니다. 한편 뒤쪽에 나온 최소한의 책임을 지는 육식이 현재 저의 입장이고요. 나중에 바뀔지는 모르겠습니다만.

세 가지 이야기로 결론을 대신하고 싶습니다. 외할아버지 이야기, 동양고전《세설신어(世說新語)》에 나오는 이야기, 그리고 최근 우리 아이와 있던 일입니다.

❶외할아버지는 예의를 중요하게 생각하던 분이었어요. "밥그릇에 붙은 밥알을 꼭 떼어먹어라, 낟알 하나하나가 농부의 땀방울인데 버려서야 되겠는가, 우리를 위해 수고한 농부들께 예의를 지켜야 한다"고 어머니는 어릴 때 들으셨대요. 한편 외할아버지는 말년에 육회를 들지 않았는데, 육회의 벌건 고기를 보면 사람을 위해 일하다 죽은 소가 떠올라 안타까운 마음에 그랬다고 해요.

외할아버지는 인간으로서 소에게 최소한의 의리를 지키고 싶었던 것 같아요. 하지만 요즘 나는 육고기를 먹을 때 사육과 도축 과정을 떠올리는 것도 먹히는 자에 대해 의리를 지키는 한 가지 방법이 아닐까 하는 생각을 해요. 밥을 먹으며 농사짓는 분의 노고를 떠올리는 일과 비슷하게 말이에요.

❷옛날 중국 동진(東晉)의 간문제(簡文帝)라는 임금이 궁궐 밖에 나갔다가 낯선 풀을 보았어요. "저 풀이 무엇이냐?" "아뢰옵기 황송하오나 벼입니다." 임금님은 돌아와 사흘 동안 방에 틀어박혔대요. "그 끝(쌀알)에 의지하고 있으면서도 근본을 알지

못했구나!" 고전《세설신어(世說新語)》에 나오는 이야기입니다. 쌀밥의 근본을 알지 못하면 부끄럽습니다. 그러나 육식의 근본인 도축을 우리는 애써 외면하지요.

❸큰아이가 요즘 어린이과학관에 재미를 붙였어요. 특히 좋아하는 시설은 곤충체험관. "애벌레 친구 안녕!" 거저리유충인 밀웜을 손에 올리고 예뻐해 줍니다. 그런데 아빠는 살짝 당황스러워요. 아이와 함께 맛보았던 '고소애'가 바로 갈색거저리유충이거든요.

솔직히 말해 아빠는 이런 걱정도 했어요. 아이가 손에 올린 벌레를 갑자기 입에 넣으면 어떡하나? "아빠는 왜 이 귀여운 친구를 먹으라고 한 거야"라며 아이가 나를 원망하면 어떡하나? 다행히 그런 일은 아직껏 없어요. 먹는 벌레, 키우는 벌레, 이야기와 노래에 나오는 벌레, 그리고 해로운 벌레 등 여러 범주를 아이는 용케 구별하고 있더군요. 굳이 설명을 안했는데도 말이에요.

아마 육식에 대해 고민을 시작할 무렵 옛날 인류도 이렇지 않았을까요.

채식하는 분을 존중합니다. 그래도 나는 당분간 육식을 끊을 계획은 없어요(환경을 생각해 육고기를 줄이려는 노력은 하겠죠). 결국 개인의 선택 같아요. 하지만 육식이란 언짢은 일이라는 사실에 나는 동의합니다. 그래서 상상해봅니다. 언젠가는 인류가 육식을 극복할 날이 오지 않을까 하고요.

인간은 육식을 극복할 수 있을 겁니다. 다만 육식이 음식문화의 중요한 부분인 만큼, 육식의 극복 역시 음식문화로 해결할 문제겠지요. 살코기만큼 맛있는 다른 무언가를 씹고 뜯게 해준다면, 굳이 동물의 목숨을 빼앗겠다는 인간이 얼마나 될까요. 이런 점에서 나는 MSG라는 시도를 좋게 봅니다. 결과에 대해서는 찬성도 반대도 있지만요. 한편 실험실에서 배양되는 '미래의 고기'도 나는 기대해요.

미안한 마음 없이 고기 또는 고기 비슷한 먹을거리를 즐길 날이 언젠가 오겠죠. 그날까지 저는 잊지 않으려고 해요, 먹히는 자에 대한 최소한의 예의를.

눈길을 끄는 책

⊙ 신화와 고전

글마다 한두 편의 동양과 서양 고전을 언급했어요. 다음 책을 주로 참고했습니다.

- **《일리아스》, 호메로스 지음, 천병희 옮김, 숲, 2015.**
- **《오뒷세이아》, 호메로스 지음, 천병희 옮김, 숲, 2015.**
- **《에다 이야기》, 스노리 스툴루손 지음, 이민용 옮김, 을유문화사, 2013.**
- **《아폴로도로스 신화집》, 아폴로도로스 지음, 강대진 옮김, 민음사, 2005.**
- **《청성잡기(青城雜記)》, 성대중 지음, 한국고전번역원 옮김, 한국고전종합 DB. http://db.itkc.or.kr**
- **《가르강튀아, 팡타그뤼엘》, 프랑수아 라블레 지음, 유석호 옮김, 문학과지성사, 2004.**
- **《블리스, 내 인생의 신화를 찾아서》, 조지프 캠벨 지음, 노혜숙 옮김, 아니마, 2014.**

⊙ 채식주의를 다룬 책

채식주의자라고 하면 두 가지 상반된 이미지가 널리 퍼져 있어요. '잔뜩 날이 서 육식하는 사람을 공격해대는 무서운 사람'이라는 인상과 '세속의 일에 관심이 없는 선량한 이상주의자'라는 인상. 그런데 내가 만나본 채식주의자 가운데에는 이런 사람들이 없었습니다. 육식하는 사람도 천차만별인 것과 마찬가지겠죠.

- **《불편하면 따져봐》, 최훈 지음, 국가인권위원회 기획, 창비, 2014.**
  인권에 대한 책이지만 마지막 장에서 '채식을 해야 하는 이유'를 논리적으로 따집니다. 동의할 수 있는 부분도 있고 동의하기 어려운 부분도 있습니다.
- **《고기를 끊지 못하는 사람들》, 마르타 자라스카 지음, 박아린 옮김, 메디치미디어, 2018.**
- **《사랑할까, 먹을까》, 황윤 지음, 휴, 2018.**

⊙ 육식의 역사

육식의 기록은 인류 역사의 기록이기도 합니다. 가장 눈에 띄는 책 몇 권을 소개합니다.

- **《데 레 코퀴나리아》, 마르쿠스 가비우스 아피키우스 지음, 박믿음 옮김, 우물이있는집, 2018.**
  로마 시대 요리법을 기록한 책. 로마인은 우리 생각보다 검소한 식탁을 즐겼더군요.
- **《공자의 식탁》, 장징 지음, 박해순 옮김, 뿌리와이파리, 2002.**
  중국의 음식과 생활문화의 역사를 원전과 함께 소개합니다.
- **《음식과 전쟁》, 톰 닐론 지음, 신유진 옮김, 루아크, 2018.**
  상상을 초월하는 일화와 진귀한 도판으로 가득한 음식 문화사. 한 권 꼭 장만하세요.
- **《돈가스의 탄생》, 오카다 데쓰 지음, 정순분 옮김, 뿌리와이파리, 2006.**
  부제는 '튀김옷을 입은 일본근대사'. 동아시아 근대화와 육식에 대해 살펴봅니다.

- **《간디 자서전》, 마하트마 간디 지음, 박홍규 옮김, 문예출판사, 2007.**
  인도 청년들 역시 근대화와 육식 문제를 놓고 고민했다는 사실이 눈길을 끕니다.

- **《혁명의 맛》, 가쓰미 요이치 지음, 임정은 옮김, 교양인, 2015.**
  음식과 입맛의 변화로 본, 중국 공산당사와 문화대혁명, 그리고 덩샤오핑의 개혁개방에 대해 이야기합니다.

⊙과학으로 살펴본 육식

자연과학과 식품공학의 눈으로 육식을 살펴보면 안 보이던 부분이 보입니다. 다음의 책에서 도움을 많이 받았습니다.

- **《맛의 원리》, 최낙언 지음, 예문당, 2018.**
  맛에 대한 막연한 인식과 잘못된 신화를 식품과학자의 눈으로 파헤치는 유용한 책.

- **《왜 맛있을까》, 찰스 스펜스 지음, 윤신영 옮김, 어크로스, 2018.**
  우리의 음식 경험이 단지 맛의 문제가 아니라는 사실을 심리학자가 풀어 쓴 책.

- **《더 푸드 랩: 더 나은 요리를 위한 주방과학의 모든 것!》, 켄지 로페즈 알트 지음, 임현수 옮김, 영진닷컴, 2017.**
  미식을 즐기는 과학자의 추천을 받고 읽은 과학을 즐기는 요리사의 책.

- **《부엌에서 읽는 과학 이야기》, 스기타 코이치 지음, 김태호 옮김, 아카데미서적, 2000.**

⊙ 사회과학과 데이터사이언스

농업사회학과 데이터사이언스의 관점에서 육식에 접근하는 시도, 아직은 시작 단계라고 생각합니다. 그런데 벌써 이렇게 좋은 책들이 나와 있습니다.

- **《대한민국 치킨展》, 정은정 지음, 따비, 2014.**
  추천받으면 읽게 되고 읽으면 추천하게 되는, 농업사회학의 관점에서 치킨을 다룬 책.
- **《음식의 언어》, 댄 주래프스키 지음, 김병화 옮김, 어크로스, 2015.**
  부제는 '세상에서 가장 맛있는 인문학'. 언어학의 관점에서 음식 문제를 다룹니다.
- **《모두 거짓말을 한다》, 세스 스티븐스 다비도위츠 지음, 이영래 옮김, 더퀘스트, 2018.**
  음식이 아니라 구글에 관한 책이지만, 방법을 빌려 우리 주제에 적용해보니 흥미롭더군요.
- **《음식 원리》, DK백과사전 편집위원회 지음, 변용란 옮김, 사이언스 북스, 2018.**
  원래 DK의 인포그래픽을 즐기기 위해 샀는데, 내용도 좋아서 계속 읽고 있습니다.

먹히는 자에 대한 예의

초판 1쇄 발행 2019년 10월 28일
초판 2쇄 발행 2022년 11월 7일

지은이 김태권
펴낸이 이상훈
편집인 김수영
본부장 정진항
마케팅 김한성 조재성 박신영 김효진 김애린
사업지원 정혜진 엄세영

펴낸 곳 (주)한겨레엔 www.hanibook.co.kr
등록 2006년 1월 4일 제313-2006-00003호
주소 서울시 마포구 창전로 70(신수동) 화수목빌딩 5층
전화 02-6383-1602~3 팩스 02-6383-1610
대표메일 book@hanien.co.kr

ISBN 979-11-6040-314-5 02900

■ 책값은 뒤표지에 있습니다.
■ 파본은 구입하신 서점에서 바꾸어 드립니다.

만든 사람들 편집 김단희 디자인 여상우 교정 윤정숙